博观丛书

U0828547

Innovation Catching-up

开放式创新网络与后发企业赶超能力的关系研究

崔海云 著

Research on Relationship between Open Innovation Network and Latecomer Enterprises' Catching-up Capabilities

经济管理出版社
ECONOMY & MANAGEMENT PUBLISHING HOUSE

图书在版编目（CIP）数据

开放式创新网络与后发企业赶超能力的关系研究／崔海云著．—北京：经济管理出版社，2020.4

ISBN 978-7-5096-7061-3

Ⅰ.①开… Ⅱ.①崔… Ⅲ.①互联网络—关系—企业发展—研究 Ⅳ.①F272.1-39

中国版本图书馆 CIP 数据核字（2020）第 038398 号

组稿编辑：赵亚荣
责任编辑：赵亚荣
责任印制：黄章平
责任校对：董杉珊

出版发行：经济管理出版社
（北京市海淀区北蜂窝 8 号中雅大厦 A 座 11 层 100038）
网 址：www.E-mp.com.cn
电 话：（010）51915602
印 刷：三河市延风印装有限公司
经 销：新华书店
开 本：720mm×1000mm /16
印 张：11.5
字 数：177 千字
版 次：2020 年 5 月第 1 版 2020 年 5 月第 1 次印刷
书 号：ISBN 978-7-5096-7061-3
定 价：62.00 元

序

当代中国新经济发展的一个重要标志是中国新经济三维空间的逐步形成。大家知道，这是一个社会发展到成熟的或者高速的高质量发展阶段的三维模型。经济推动的第一维是实体经济。历史上很长一段时期，随着生产力的不断进步，随着农业、工业、交通运输的发展，社会的实体经济不断得到进步。这应该说是对数千年的人类物质文明的继承和发展，它是生产力缓慢发展到高速发展的一个阶段性特征。经济推动的第二维是货币经济。这个大家应该是熟悉的。随着资本主义 300 多年的发展，货币经济、货币现象，特别是虚拟经济及网络条件下的货币金融保险等日益复杂的金融现象成为经济发展的第二增长级。货币是因为实物交换困难而产生的交换工具。所以，货币最初是作为实体产品的交换工具。随着货币的发展，其逐步演变成为一种虚拟经济形态，这种经济形态体现出二维经济相互映射的特征。但是，随着近十年经济的发展，出现了经济推动的第三维，即网络经济和“互联网+”应用，这一维正在成为经济增长的新动力。网络经济是以“互联网+”移动手机终端大数据、认知技术，甚至人工智能、卫星定位这样一些综合性要素的参与，还有云计算、云存储等数据优化技术支撑的网络经济范畴。这样一个三维经济形态，逐步形成了互联、互动、互通的大经济发展格局，我认为这个格局是新经济的框架。新经济的框架结构，就是上述三维世界逐步成熟，形成一个立体化的经济结构。这个立体结构标志着三维新经济的格局正式形成。这个三维经济形态两两交互：当网络和实物相通，就形成了快递网络；当网络和货币相连，就出现了微信支付和支付宝等各种微支付手段。

这个新经济形态有三大基本特征：一是数据共享。我们正处在全球数据共享时代，信息常常被公众分享，个人的隐私越来越少，公众信息越来越多。信息在“互联网+”条件下具有数据共享、无穷复制、数据容量大、数据传播快的特征，导致各种数据在不同范围、不同情况下可以无数次地重复传播。过去，信息常常是点对点传播，现在我们发一个微博，可能传播给几百万人甚至上千万人，现在是全球数据共享时代。这个时代会提供给我们新经济发展的很多机会，我们会看到很多有关人类科技发展的信息。过去，信息的传播面是极其小的，或者是局部的，但是，今天的很多信息都是世界性的。现在的很多重要信息，包括国内外重大新闻，都是全球共享。充分利用信息共享这个特征，是我们企业发展的重要途径。

二是万物互联。这个特征我们现在感觉还不强烈，现在的物联网还不够成熟，还有很多的物联网络是点对点，还有很多人不会使用物联网。实际上，物联网会影响到我们的生活，我们可以通过手机控制家里的空调、电器开关，可以订外卖，可以和外界沟通各种信息、各种资源，整个世界都在联系当中。这种联系是以物质产品服务为对象沟通的。比如，我们有购物需求，就在网络下单，很快就会有快递送到家。万物都在互联当中，这就是新经济的一种形态。在这样一种状况下，我们必须考虑到万物互联可能对企业和社会的影响，企业创新可以充分考虑网络创新系统的价值放大。

三是价值创造。新经济很重要的一个条件就是价值创造不同。新经济的价值创造不同于传统的价值创造。大家知道，企业都是要创造价值的。传统的企业是价值点的创造，即创造了一个点的价值。就像一个教授上一门教学课，一个艺术家完成一件作品，一个医生治疗一个病人，都是点价值创造。随着社会互联网技术的发展和应用，现代企业完全不是价值点的创造，而是价值面的创造，甚至是价值系统的创造，是价值系统的放大。这是完全不同的概念。比如，一家网店通过“双 11”促销活动一天可以销售价值数千亿元的产品，这对于一家实体销售店几乎是不可能的事，这就是新经济的价值创造。理解新经济，一定要理解每一个创造者的价值放大效应是完全不同的。利用人与人之间交互的互动系统建立一个营销网络，可以说是价值面或者价值系统的创造，这就是独角兽企业的价值创造行为。

新经济的发展给社会环境系统带来了极大的变化。经济动能在转化，经济效能在提高，经济发展质量在提升。推动新经济发展的新动能就是创新。创新是一个激动人心的、能够促进企业发展的原动力，因为只有创新，才会有企业良好发展的未来。党中央、国务院把创新提到了前所未有的战略高度，要求全党全国人民高度重视创新发展这一主题，不断推进理论创新、制度创新、技术创新和管理创新，提出必须把创新摆在国家发展全局的核心位置，让创新贯穿于党和国家经济工作的各方面，让创新在全社会蔚然成风。所以，创新实际上是一个大的社会环境需求，在当前新经济的条件下，全世界都在讲变革，都在追求变革中的发展。因此，我们要促进体制构架创新，塑造更多的创新驱动力，发挥先发优势的引领作用，推进后发企业成长。为了在制度体制上动员一切力量来促进企业创新发展，在新经济时代，我们提出了一个十分响亮的口号，即“抓创新就是抓发展，谋创新就是谋未来”。这是一个全员创新的时代，每一个人，每一个企业组织，都渴望变革，创新必将成为时代发展的主旋律。

在新经济时代，企业的创新不仅需要内部研发，通过点创造实现，也需要网络协调创新合作。在价值系统创新方面，企业正在努力构建开放式的创新网络。开放式创新网络如何影响后发企业赶超能力是崔海云博士较长时间关注和研究的学术课题。本书围绕“开放式创新网络如何影响后发企业赶超能力的提升”这一基本问题展开学术规范研究，试图找寻出开放式创新网络作用于后发企业赶超能力的魔力。本书的研究充分考虑了网络经济条件下的开放式创新、网络创新、大系统创新、动能创新。具体而言，本书重点关注以下几方面：①开放式创新网络是否对后发企业的赶超能力具有良性促进效应；②开放式创新网络如何强化后发企业的赶超能力；③政府政策扶持如何影响后发企业赶超能力的提升。我们可以看到，国家的新发展理念是创新、绿色、开放、协调、共享，这正是本书的研究基调，也是崔海云博士的研究思想脉络，一些有价值的研究结论在本书中研究得到。相信本书的出版对于企业管理创新研究和一些企业中、高级管理人员的思路创新会有所帮助。

对外经济贸易大学　施建军
2019 年 3 月 18 日

前 言

如何提升赶超能力，实现跨越式发展一直是后发企业研究领域的一个重要命题。改革开放以来，我国的企业努力向发达国家的领先企业学习，在技术水平、市场能力方面都得到了很大提升，与发达国家领先企业的差距也不断缩小。然而，我国目前仍属于发展中国家，我国的企业仍然面临着技术和市场的双重劣势，如何提升技术和市场能力是我国后发企业面临的严峻挑战。

经济全球化时期，“世界是平的”。在“平的世界”里，产品生命周期越来越短，市场竞争越来越激烈，企业的技术创新不仅需要内部研发，而且需要组织内外部的创新合作，企业必须更多地关注并且努力构建开放式的创新网络。创新网络如何影响后发企业赶超能力是重要的研究主题。以往研究取得了丰富的成果，然而，在创新网络与企业绩效的关系方面还存在着相互冲突的研究结论。例如，“结构洞（Structural Holes）悖论”与“结构洞优势论”之争、“强联系”（Strong Tie）与“弱联系”（Weak Tie）之争、“制度悖论”与“制度优势论”之争等理论争论。这些理论争论为本书提供了有趣的研究方向。

本书围绕“开放式创新网络如何影响后发企业赶超能力的提升”这一基本问题展开研究，力图打开开放式创新网络作用于后发企业赶超能力的神秘“黑箱”。具体而言，本书将逐层深入探究以下三个问题：①开放式创新网络是否对后发企业的赶超能力具有正向的促进效应；②开放式创新网络如何影响后发企业的赶超能力；③政府扶持如何影响后发企业赶超能力的提升。

本书采用规范研究与实证研究相结合、定性研究与定量研究相结合的方法，对上述三个问题进行深入研究。在以往研究的基础上，本书首先构建开放式创新网络作用于后发企业赶超能力的概念模型，并提出研究假设。然后，通过问卷调查收集了206家企业的调研数据，运用统计检验方法检验所构建的概念模型与研究假设。

基于上述研究，本书得出以下三点主要结论：

（1）开放式创新网络的结构洞和强联系对后发企业赶超能力的提升具有重要的促进作用。后发企业应积极构建和维护开放式创新网络的结构洞，保持和维护与创新网络其他成员之间的强联系，从而不断提升自身的赶超能力。

（2）开放式创新网络的结构洞和强联系分别通过开放式创新作用于后发企业的赶超能力；结构洞通过强联系作用于输出型开放式创新；结构洞通过强联系作用于后发企业的市场赶超能力。后发企业应在保持与创新网络其他成员之间的强联系的同时，积极开展开放式创新活动，从而充分发挥创新网络对赶超能力的积极作用。

（3）政府扶持对后发企业的赶超战略具有正向的调节作用。后发企业在通过开放式创新提升赶超能力的过程中，会受益于来自政府的扶持政策。

上述结论加深了我们对“开放式创新网络是否及如何促进后发企业赶超能力的提升”这一基本问题的理解。具体而言，本书有以下三方面的研究贡献：

（1）本书从结构洞、强联系的视角分析了开放式创新网络与后发企业赶超能力的关系。研究发现，开放式创新网络的结构洞和强联系有利于后发企业技术赶超能力和市场赶超能力的提升。这将有助于后发企业构建和维护合理的开放式创新网络。

（2）本书引入了开放式创新和强联系这两个中介变量，深入分析了开放式创新网络如何影响后发企业的赶超能力，以及结构洞如何影响开放式创新和后发企业的赶超能力。以往的相关研究对开放式创新网络与企业创新绩效关系的具体作用机制关注较少。本书研究发现，开放式创新网络的结构洞和强联系通过开放式创新活动作用于后发企业的赶超能力，这将有助于后发企业设计通过开放式创新活动实现赶超的战略路径。

（3）本书引入了财政税收政策这一情境变量，深入分析了政府扶持在后发企业通过开放式创新活动提升赶超能力的过程中的影响作用。研究发现，政府扶持在后发企业通过开放式创新提升赶超能力的过程中发挥积极的促进作用，这将有助于后发企业深入理解政府在后发企业赶超中的作用，审时度势，科学借助政府的力量实施赶超战略。

目　录

1　绪　论 …… 1
1.1　研究背景 …… 1
1.1.1　现实背景 …… 1
1.1.2　理论背景 …… 2
1.2　研究问题 …… 6
1.3　研究方案 …… 6
1.3.1　技术路线 …… 6
1.3.2　研究方法 …… 7
1.4　内容安排 …… 8
1.5　主要创新点 …… 9
2　文献综述 …… 12
2.1　开放式创新网络与企业技术创新绩效 …… 12
2.1.1　开放式创新网络与企业技术创新绩效的关系 …… 12
2.1.2　开放式创新网络与企业技术创新绩效关系的内部作用机制 …… 14
2.2　开放式创新与企业创新绩效 …… 21
2.2.1　研究概况 …… 21
2.2.2　开放式创新与企业创新绩效的关系 …… 22
2.3　后发企业赶超 …… 27
2.3.1　后发企业赶超的战略路径 …… 27
2.3.2　政府扶持在后发企业赶超中的作用 …… 30

3 概念模型与研究假设 …… 33
3.1 概念模型 …… 33
3.2 概念界定 …… 36
3.2.1 后发企业 …… 36
3.2.2 赶超及其维度 …… 38
3.2.3 开放式创新网络 …… 42
3.2.4 结构洞 …… 46
3.2.5 强联系 …… 49
3.2.6 开放式创新的概念及其分类 …… 49
3.3 研究假设 …… 55
3.3.1 开放式创新网络与后发企业赶超能力 …… 55
3.3.2 后发企业赶超模型的中介作用机制 …… 58
3.3.3 政府扶持对开放式创新网络与后发企业赶超能力关系的调节作用 …… 61
4 研究设计 …… 63
4.1 样本选择与数据收集 …… 63
4.1.1 样本选择 …… 63
4.1.2 问卷发放 …… 64
4.1.3 样本描述 …… 64
4.2 问卷设计 …… 66
4.3 变量测度 …… 67
4.3.1 被解释变量 …… 67
4.3.2 解释变量 …… 69
4.3.3 中介变量 …… 70
4.3.4 调节变量——财政税收政策 …… 72
4.3.5 控制变量 …… 72
5 研究结果 …… 75
5.1 开放式创新网络与后发企业赶超能力的关系研究 …… 75

5.1.1 信度与效度…………………………………………………… 75
5.1.2 多重共线性与异方差检验……………………………………… 76
5.1.3 描述性统计与相关系数………………………………………… 77
5.1.4 层次回归分析…………………………………………………… 78
5.1.5 讨论……………………………………………………………… 81
5.2 后发企业赶超模型的中介作用机制 …………………………… 83
5.2.1 开放式创新在结构洞、强联系与后发企业赶超关系中的中介作用…………………………………………………… 83
5.2.2 强联系在结构洞与开放式创新、后发企业赶超关系中的中介作用 ……………………………………………… 106
5.2.3 讨论 …………………………………………………………… 116
5.3 政府扶持的调节作用机制……………………………………… 117
5.3.1 信度与效度 …………………………………………………… 117
5.3.2 多重共线性与异方差检验 …………………………………… 118
5.3.3 描述性统计与相关系数 ……………………………………… 119
5.3.4 后发企业赶超模型中政府扶持的调节效应检验 …… 119
5.3.5 讨论 …………………………………………………………… 124

6 结　论 ……………………………………………………………… 127

6.1 理论贡献……………………………………………………………… 127
6.2 实践意义……………………………………………………………… 135
6.2.1 有助于后发企业构建和维护合理的开放式创新网络 ……………………………………………………………… 135
6.2.2 有助于后发企业设计通过开放式创新实现赶超的战略路径 ……………………………………………………… 137
6.2.3 有助于后发企业深入理解和科学借力政府扶持的作用 ……………………………………………………………… 138
6.3 局限性与未来研究方向……………………………………………… 139

参考文献 …………………………………………………………… 141

附　录 …………………………………………………………… 164

后　记 …………………………………………………………… 167

1

绪　论

1.1　研究背景

1.1.1　现实背景

过去几十年，我国的后发企业通过对发达国家领先企业的先进技术进行引进、消化、吸收和再创新，取得了长足进步，在技术领域和市场领域都赢得了一定的竞争力。然而，我们也必须清醒地认识到，对技术引进的长期依赖，必然导致核心技术的缺乏和自主创新能力的弱化，从而难以摆脱“落后”这一局面。因此，后发企业的发展不能仅仅依靠引进技术。提升自主创新能力，是后发企业赶超的必经之路。这也符合我国的国民经济发展战略。

我国在“十三五”发展规划中，明确提出要把自主创新作为国家基本战略，努力建设创新型国家。提升自主创新能力，是后发企业彻底改变市场竞争中被动地位的需要，也是后发企业贯彻落实国家发展战略的现实需要。然而，我们也必须清楚地认识到，自主创新并不是“闭门造车”式的独自创新，也不是全盘照抄式的技术引进，而是在自主创新理念的指导下，借助开放的技术创新网络，加强技术创新和新产品商业化的内外部合作，努力开发拥有自主知识产权和自主品牌的新技术和新产品，从而提升后发企业的技术能力和市场能力。在世界经济高度一体化的今天，“两耳不闻窗外事，关起门来搞创新”只能使自己越来越孤陋寡闻，越来越封闭落后。因此，努力构建、融入和维护开放合作的创新网络，积极参与开放式创新是后发企业实现赶超的时代需要，也是我国企业谋求持久竞争优势的需要。

高技术领域向来都是“烧钱”模式，一项新技术、一款新产品甚至一种新工艺的基础研发往往都伴随着高昂的资本投入，例如在航空产业，一种新型发动机的研发成本超过 15 亿美元。然而，高投入的研发活动却不一定获得高收益，事实上，任何一项技术创新活动都伴随着高风险与高不确定性。技术创新活动的高投入和高风险特性导致后发企业对创新周期、创新绩效、创新扩散等创新活动的关键环节难以把握。为了能够突破先天的技术和市场劣势，有效避免技术创新活动的高风险性，提高创新投入的效率，努力融入开放式创新网络、积极参加创新合作活动是后发企业赶超过程中的明智选择。

我国的后发企业由于其人员能力、信息能力、设备能力和组织能力等要素的制约，存在技术能力和市场能力先天不足的竞争劣势。因此，在赶超过程中，一方面，后发企业应努力加强与开放式创新网络其他成员的技术合作，取长补短，内外兼修，努力开拓企业内部研发和外部学习两类技术知识的来源渠道，不断提升企业的自身水平和技术能力，缩小与领先企业的技术水平差距；另一方面，后发企业还应努力提升创新扩散的能力和各类新产品商业化的能力，从而实现其在价值链上地位的不断提升和赶超能力的快速飞跃。

1.1.2 理论背景

开放经济背景下，积极融入产业内外的创新网络，加强创新活动的内外向合作，努力从其他企业尤其是领先企业的战略路径或措施中寻找互补机会，被学者们视为后发企业新的赶超战略选择。

在开放式创新网络中，通过整合创新网络中其他节点的“核心能力”或“核心资源”，充分发挥自身的杠杆作用，后发企业能够最大限度地改善运作效率，培育企业的持久竞争能力（Ranjay & Nitin，2000；林健和李焕荣，2002）。Dyer 和 Nobeoka（2000）在对丰田制造系统关系网络演进过程的绩效进行研究后指出，相比于单个组织，存在于组织间的创新网络更加有利于技术知识和市场知识的创造、整合与转移。Mathews（2002）以亚太地区半导体产业发展的案例为基础，提出了著名的 3L 分析框架，即建立联系（Linkage）、利用杠杆化（Leverage）和深入学习（Learning）框架。这一研究框架表明，后发企业可以通过反复建立联系、充分利用杠杆化和加强组织学习来克服自己的竞争劣势，及时抓住稍纵即逝的机会，努力实现赶超能力的提升。Cho 和 Lee（2003）基于对韩国半导体产业赶超路径的分析，研究了全球技术轨迹变化背景下，后发企业的创新与赶超模式及其特点，他们指出，随着全球技术轨迹的变化，后发企业的创新模式也随之变化。特别地，他们强调，在开放经济背景下，后发企业构建或者融入开放式创新网络的能力在其赶超过程中扮演着关键角色。Cho 和 Lee（2003）的观点得到了后续学者的支持。Jansen 等（2005）指出，与“单打独斗”的研发组织和个人相比，处于创新网络中的企业，由于联系的紧密性与沟通的便捷性，更容易形成深层次的知识结构和技术能力（Jansen et al.，2005）。通过对澳大利亚中小企业的跨行业研究，Mile（2007）指出，制造业的中小企业必须充分利用网络资源来提高绩效，因为置身于开放式创新网络中的中小企业改变了其原有的资源状况，相应地，其原有的能力结构和发展路径也得到了改善，创新网络和合作伙伴对提高中小企业竞争力具有关键性的影响作用（池仁勇，2009）。因此，开放式创新网络是后发企业提升赶超能力的源泉之一。

开放式创新网络可以由来自其他企业、高等学校、研究机构等创新主体组成，后发企业通过构建、融入并维护这一创新网络，有效整合创新网络中的技术知识和市场知识，不断提升自身的技术能力与市场能力，从而增强赶超能力。因此，在后发企业赶超理论研究领域，如何融入、维护开放式创新网络及如何开展创新合作活动一直是学者们的研究热点。

在开放式创新网络融入和维护方面，网络嵌入理论为我们提供了很好的研究视角。然而，有关创新网络与企业创新绩效之间关系的研究结论目前仍有许多重要问题悬而未决，存在着相互冲突的理论观点与实证结果，如“结构洞悖论”与“结构洞优势论”之争和“强联系”与“弱联系”之争。

（1）“结构洞悖论”与“结构洞优势论”之争。结构洞优势论认为，结构洞能够为网络中的聚焦节点带来信息优势（Information Benefit）和控制优势（Control Benefit），有利于企业的技术创新活动（Ahuja，2000；Burt，1992，2004；Hargadon Sutton，1997；McEvily & Zaheer，1999；Zaheer & Bell，2005；Kim et al.，2006；Xiao，2007；Shipilov & Li，2008；Andrew，2008；Akbar，2009）。而结构洞悖论则认为，结构洞不利于网络内信息和资源的共享，因而不利于企业的技术创新活动（Rowley，2000；Dycr，2000；Ahuja，2000；Obstfeld，2002；McFayden，2009；David，2009；Vineet，2011）。可见，关于结构洞与企业技术创新绩效之间关系的观点尚存在很大分歧，这是本书的一个研究兴趣点所在。

（2）“强联系”与“弱联系”之争。一种观点认为，弱联系能够帮助企业获取更丰富、更新颖的非冗余信息，在企业的技术创新中具有促进作用（Granovetter，1973；Putman，1993；Hakansson & Snehota，1998；Cohen & Fields，1999；Galunic & Moran，1999；魏江，2002）。而另外一些学者却认为，强联系有利于促进复杂与缄默知识在组织之间的有效转移，对企业的技术创新具有促进作用（Nelson，1989；Uzzi，1997；Kraatz，1998；Dyer & Singly，1998；Rowley，Behrens & Krackhardt，2000；Dyer & Nobeoka，2000；Reagans & McEvily，2003；Bengtsson & Solven，2004；Levin & Cross，2004；McEvily & Marcus，2005；Suarez，2005）。“强联系”与“弱联系”之争是本书的第二个研究兴趣点。

通过梳理以往文献，本书发现，造成这些理论争论的原因在于不同学者研究的创新网络与企业创新绩效之间的内部作用机制及外部情境影响机制存在差异性。因此，深入挖掘开放式创新网络与后发企业赶超能力之间的关系及其内外部影响机制是本书的重要研究方向。

在创新网络中，具有独特性但又相互联系的组织之间通过长期的、有目的的创新合作安排，获得单个组织难以获得的创新资源，从而提升竞争优势。后发企业与创新网络其他成员的创新合作主要体现在创新信息和资源的内向流动和创新成果商业化的外部实现，这便是开放式创新的核心内容。开放式创新是指企业通过与外部创新源的广泛互动，充分利用大量外部知识，以及通过技术知识向外转移实现新技术商业化的创新过程（Chesbrough，2003；Van de Vrande，Lemmens & Vanhaverbeke，2006）。开放式创新分为输出型开放式创新和输入型开放式创新。输出型开放式创新是指企业将内部有价值的创新信息输出到组织外部，创新成果的商业化在组织外部实现的过程；输入型开放式创新是指企业将外部的创新信息整合到企业中，来开展创新活动的过程（Chesbrough & Crowther，2006）。这也正是后发企业在创新网络内进行创新合作的两种主要方式。因此，本书猜测开放式创新活动在创新网络的结构洞、强联系与后发企业赶超能力的关系之间发挥某种作用。这是本书的第三个研究兴趣点。

此外，后发企业在通过开放式创新实施赶超战略的过程中，会受到来自经济社会宏观、中观及微观层面种种因素的影响，这也是导致有关结论不一致的原因。因此，在研究后发企业的技术和市场战略时必须综合考虑宏观经济背景、产业技术特点、市场需求情况及企业自身能力等因素（Durrnai et al.，1998）。

当前，制度情境是影响我国后发企业赶超的主要外部情境因素之一。尽管学者们普遍认同制度情境因素对后发企业发展存在影响，然而，在具体的影响机制方面却存在着“制度优势论”与“制度悖论”之争。“制度优势论”认为，政府的相关扶持政策有利于后发企业的发展，主张政府对后发企业的发展进行积极干预（Johnson，1982；Amsden，1989；Lall，1992；Hobday，1995；Chen Y. & Puttitanun，2005；Mazzofeni & Nelson，2007；Guennif & Ramani，2010）。而“制度悖论”则认为，政府的扶持对后发企业的发展没有积极的推动作用，不提倡政府对后发企业进行扶持（Etzkowitz & Brisona，1999；Nolan，2002；Nolan & Zhang，2002；Ritchie，2009）。“制度优势论”与“制度悖论”之争激起了本书的第四个研究兴趣点。

1.2 研究问题

基于上述现实与理论背景，本书围绕“开放式创新网络如何影响后发企业赶超能力”这一基本问题展开研究，力图打开开放式创新网络作用于后发企业赶超能力的“神秘黑箱”。具体而言，本书将逐层深入探究以下三个问题：①开放式创新网络（以结构洞和强联系作为研究视角）对后发企业的赶超能力是否具有正向的促进效应；②开放式创新网络如何影响后发企业的赶超能力；③政府扶持如何影响后发企业赶超能力的提升。

1.3 研究方案

1.3.1 技术路线

技术路线是科学合理地解决研究问题的指导性框架，本书的技术路线如图 1-1 所示。本书主要包括四个部分：第一部分，在现实背景和理论背景的基础上，提出三个紧密相关的研究问题。第二部分，在以往理论与实证研究的基础上，构建概念模型，发展研究假设。第三部分，通过问卷收集数据，检验研究假设。首先，从结构洞和强联系的视角出发，考察开放式创新网络对后发企业赶超能力是否具有正向的促进效应；其次，考察开放式创新网络如何影响后发企业的赶超能力；最后，考察政府扶持如何影响开放式创新与后发企业赶超能力之间的关系。本书主要使用层次回归分析。第四部分，在理论与实证研究基础上，讨论本书的理论贡献、实践意义、研究的局限性和未来研究方向。

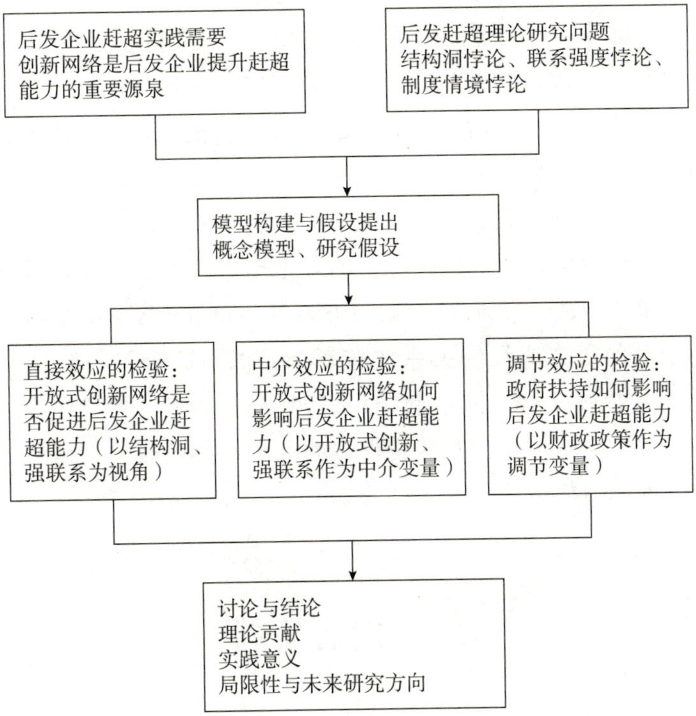

图 1-1　本书的技术路线

1.3.2　研究方法

本书采用规范研究与实证研究相结合、定性研究与定量研究相结合的方法，遵循“文献阅读—理论推演—提出假设—收集数据—实证检验—形成结论”的研究思路逐层深入。具体来说，本书主要采用以下两种研究方法：

第一，文献研究。在研究问题形成之前，首先收集、归类和分析创新网络、结构洞、强联系、开放式创新、后发企业赶超等领域的研究文献。文献收集采取重点搜索与广泛搜索相结合的策略。首先重点搜索创新管理领域顶级期刊，包括 *Research Policy*、*Asian Journal of Technology Innovation*、*International Journal of Technology Management*、*Technological Forecas-*

ting and Social Change 等期刊，然后在知网数据库、万方数字资源系统及CSSCI论文数据库通过关键词进行广泛搜索。通过阅读、分析和归纳文献，厘清创新网络、开放式创新与后发企业赶超的研究现状。在广泛的文献阅读过程中，笔者反复思考后发企业的赶超实践与相关理论的研究进展，从而提出研究问题，形成研究思路。

第二，定量实证研究。本书的研究假设主要基于以往研究中存在的理论悖论提出，研究假设具有比较扎实的理论基础，不需要在探索性案例研究的基础上提出假设（Eisenhardt，1989；Eisenhardt & Graebner，2007）。同时，由于本项研究假设的关系比较复杂，也不适合采用验证性案例研究。因此，本书采用大样本问卷调查和统计分析的方法检验假设。变量测量主要基于以往文献中信度和效度得到验证的成熟量表。数据统计分析主要采用层次回归分析方法。

1.4 内容安排

本书分为绪论、文献综述、概念模型与研究假设、研究设计、研究结果、结论六章，具体章节安排如下：

第1章为绪论。在现实背景与理论背景的基础上，提出本书的研究问题，描述本书的技术路线和研究方法，介绍内容安排，概述本书的创新点。

第2章为文献综述。首先，回顾开放式创新网络的相关理论，梳理“结构洞悖论”与“结构洞优势论”、“强联系”与“弱联系”的理论争论；其次，回顾开放式创新的相关文献，指出后发企业在开放式创新网络内开展创新合作活动的方式；最后，回顾后发企业赶超的相关理论，分析后发企业的赶超路径和外部情境因素，梳理“制度优势论”与“制度悖论”的理论争论。

第3章为概念模型与研究假设。在第2章文献综述的基础上，构建概念模型，提出研究假设。

第 4 章为研究设计。详细描述样本选择与数据收集、变量测量和数据分析方法。

第 5 章为研究结果。依次报告概念模型中直接效应、中介效应、调节效应的实证结果。为使每部分的实证研究具有相对独立性和完整性，实证检验的三个部分均完整地报告数据的信度和效度分析、描述性统计与相关系数、多重共线性与异方差检验、统计分析结果，并进行简要讨论。

第 6 章为结论。详细讨论本书的理论贡献、管理意义、局限性与未来研究方向。

1.5 主要创新点

如何通过构建外部创新网络提升赶超能力是后发企业赶超实践和理论研究中的重要问题。以往的相关研究尚未达成一致结论，需要我们进一步探讨分析。本书基于现有的理论争论展开研究，不仅有助于协调以往文献中相互冲突的理论观点与实证结果，也有助于我们更加深入地理解后发企业在开放式创新网络中如何通过开放式创新提升赶超能力。具体地，本书具有以下三个可能的创新点：

（1）本书以结构洞、强联系的视角分析了开放式创新网络与后发企业赶超能力的关系，研究发现，开放式创新网络的结构洞及后发企业与创新合作伙伴之间的强联系对后发企业赶超能力的提升具有重要的促进作用。

以往研究对结构洞与企业绩效之间关系的判断存在两种截然不同的观点，即“结构洞悖论”与“结构洞优势论”之争。本书预期并实证检验了结构洞对后发企业赶超能力的正向促进作用。实证结果表明，结构洞对后发企业的赶超能力具有促进作用。这表明，后发企业可以通过构建和维护创新网络的结构洞来提升自身的赶超能力。

同时，在以往有关联系强度与企业技术创新关系的相关研究中，学术界一直存在着“强联系”与“弱联系”之争。本书预期并实证检验了强联系对后发企业赶超能力的正向促进作用。实证结果表明，强联系对后发企业的赶超能力具有促进作用。这表明，后发企业可以通过保持和维护与创新网络其他成员之间的强联系来提升自身的赶超能力。

（2）本书引入了开放式创新和强联系这两方面中介作用变量，深入分析了结构洞、强联系如何影响后发企业的赶超能力，以及结构洞与开放式创新、后发企业赶超能力的“关系黑箱”内部的作用机制。研究发现，结构洞和强联系分别通过开放式创新作用于后发企业的赶超能力；结构洞通过强联系作用于输出型开放式创新，而在结构洞与输入型开放式创新的关系之间，强联系的中介效应不显著；结构洞通过强联系作用于后发企业的市场赶超能力，而在结构洞与后发企业技术赶超能力的关系之间，强联系的中介效应不显著。

以往的相关研究深入探讨了创新网络对企业技术创新的影响作用，不少学者也针对结构洞、联系强度与企业技术创新绩效的关系进行了研究，然而，这些研究大多还停留在外部创新网络与企业技术创新的关系方面，而对两者关系之间的内部具体作用机制甚少关注，两者或者正相关或者负相关或者曲线相关等各种关系的内部影响机制是一个神秘的“黑匣子”。事实上，虽然组织外部的创新网络在企业创新过程中扮演着越来越重要的角色，但是，组织外部的创新网络并不是企业内部创新能力的简单替代品。创新能力很强的企业往往既注重组织外部创新网络的构建，也注重内部研发能力的提升。内部的创新能力与外部的创新合作并不是简单的相互替代，而是互为补充的。强调内外部创新资源平衡利用的开放式创新是创新网络背景下后发企业赶超过程中可以尝试的创新模式。在创新网络中，企业的创新活动不仅依赖于自身的研发工作，还可以通过与其他组织进行合作创新的形式，将外部创新资源引入企业内部并加以利用。

（3）本项研究引入了财政税收政策这一调节变量，深入分析了政府扶持在后发企业通过开放式创新活动提升赶超能力的过程中发挥的影响作用。研究发现，财政税收政策在开放式创新与后发企业赶超能力的关系之间发挥正向调节效应。

以往的相关研究已经证实，拥有外部创新网络和内部研发优势的后发企业，在实施赶超战略的过程中，往往还面临着诸多情境因素的影响。当前，制度情境是影响我国后发企业赶超战略的主要情境因素之一。本书预期政府扶持在后发企业开放式创新与其赶超能力的关系之间发挥正向调节作用，并以财政税收政策作为测量变量检验了政府扶持的调节作用。实证研究结果表明，财政税收政策在开放式创新与后发企业赶超能力的关系之间发挥正向调节效应。

2 文献综述

本章将围绕本书的研究问题，对相关的研究进展进行综述，从而厘清本书与现有研究成果之间的关系。本章包括三个部分：首先，对开放式创新网络的相关理论进行回顾，重点分析结构洞、强联系这两个关键变量与企业绩效的关系，为本项研究奠定最根本的理论基础；其次，对开放式创新理论进行回顾，主要围绕开放式创新与企业绩效的关系展开，为本书的研究视角提供重要的理论支撑；最后，对后发企业赶超理论进行梳理，主要围绕后发企业赶超的战略路径及情境因素等方面进行回顾，理出本书的研究主题。

2.1 开放式创新网络与企业技术创新绩效

开放式创新网络对企业的创新活动有何影响？具体的内部作用机制如何？本节将围绕这些问题对前人的相关研究成果进行回顾。

2.1.1 开放式创新网络与企业技术创新绩效的关系

综观现有相关文献，开放式创新网络对企业技术创新的影响作用主要体现在两方面：知识获取和技术创新产出。

在知识获取方面，学者们研究发现，组织间的联结和合作网络是企业获取外部知识的重要渠道（Powell et al.，1996），尤其是在时间紧迫和精力有限的情况下，组织之间的合作网络对企业快速获取资源具有重要作用（Gulati，2000）。具体来说，企业可以通过组织间的合作从组织外部获取内部无法创造或提供的知识和资源，而企业间的创新合作行为及合作的网络环境对技术知识的创造、转移、扩散及运用具有重要的促进作用（Stuart，2000）。这一观点得到了来自 Dyer 和 Nobcoka（2000）的实证支持。Dyer 和 Nobcoka（2000）通过对 TOYOTA 集团中知识流动的情况进行深入研究发现，TOYOTA 及其供应商组成的企业网络中存在着丰富的知识，网络中制度化的协作规则大大促进了成员间的知识共享，因此，这一网络本质上是一个“知识共享网络”（Knowledge-sharing Network）。进一步地，Ahuja（2000）认为，企业之间的合作网络不仅能够促进网络中的知识共享，还能够促进新知识的创造。Ernst 和 Kim（2002）则从国家层面分析了研发联盟（R&D Alliances）、分布式渠道（Distribution Channels）、独立供应商（Independent Suppliers）、独立分包商（Independent Subcontractors）、合作协议（Cooperative Agreements）、子公司和附属企业（Subsidiaries and Affiliates）及合资企业对知识共享与扩散的作用，他们认为，经济全球化时代的全球生产网络能够促进国家间的知识转移和扩散，为发展中国家获取、整合和吸收技术知识提供了新的机会。

在技术创新产出方面，Ahuja（2000）认为，企业的外部技术合作网络有利于企业间共享资源，整合网络内的技术知识和物质资产，加快新技术的开发过程，从而促进企业的创新产出。这些观点与一些来自实证研究的结论具有异曲同工之妙。Hargadon 和 Sutton（1997）对一家产品设计企业展开深度案例研究，研究发现，该企业通过扮演组织间网络中技术中介（Technology Broker）的角色，能够整合其他产业的技术知识，获取多个产业的技术知识，大大扩充了企业的知识库，提升了企业的技术产出。此外，Powell 等（1996）和 Whittington 等（2009）以生物技术企业为背景，实证检验了知识密集型产业中组织间网络在企业技术创新中的作用，研究证实，组织外部的创新网络在企业获取技术知识的过程中具有不可替代的作用，对企业的技术创新起着至关重要的作用。

2.1.2 开放式创新网络与企业技术创新绩效关系的内部作用机制

2.1.2.1 "结构洞优势论"与"结构洞悖论"之争

企业在外部网络的结构性嵌入（Positional Perspectives on Networks）是影响企业行为和绩效的重要因素，因此，外部网络参与者间相互联系的多维总体性结构特征与企业的行为和绩效之间的关系问题引起大批学者的研究兴趣。其中，结构洞与企业的行为和绩效之间的关系也成为学者们关注的焦点（Ahuja，2000；Burt，1992，2004；Hargadon & Sutton，1997；McEvily & Zaheer，1999；Zaheer & Soda，2009；Insead，2006；Shipilov & Li，2008），然而，学者们对结构洞与企业绩效之间的关系却持两种截然不同的观点：一部分学者认为结构洞能够为企业带来竞争优势，即"结构洞优势论"；而另一部分学者则认为结构洞不利于企业的创新绩效，即"结构洞悖论"。

（1）"结构洞优势论"。"结构洞优势论"认为，占据结构洞的网络节点企业由于处于网络中信息枢纽的位置，所以更有可能取得更棒的新创意、更高的生产率以及更高的经济效益（Burt，1992；Gargiulo et al.，2009；Reagans & Zuckerman，2001）。结构洞作为一种静态的社会资本，能够使网络中的聚焦节点在获取资源和利益方面占有先天的竞争优势，这些竞争优势具体表现在结构洞为其"占据者"带来的信息优势和控制优势：一方面，占有"结构洞"的行为主体更容易获得信息优势，从上述分析可知，行为主体在网络中拥有的"结构洞"越多，越容易及时获得网络中的信息，相应地，获得的信息数量也越大，信息内容也更具体，因而能够创造出更多的获利机会。另一方面，占有"结构洞"的行为主体更容易获得控制优势，该行为主体可以凭借自身的"中介"地位和信息优势，扮演网络中信息交换的"第三方角色"，利用"第三方"的这一身份灵活采取各种策略以获取相关收益。学术界将网络中具有"中介"地位或扮演"第三方角色"的企业称为搭桥机构或组织（Bridging Organizations），这类企业拥有横跨不同企业间的"结构洞"，能够获得和产生更多的新创意、新想法和新知识，从而相对于其他稠密地带的企业更具有竞争优势（Burt，1992）。在企业网络中，网络节点企业的控制优势可以使节点企业操纵其他互不相连的两家企业之间的信息流动，迫使它们让步或者竞争（Burt，1997；Kim et al.，2006）。

早在1992年，Burt就提出占据结构洞的企业与非结构洞占据者相比，将会获得更好的绩效（Burt，1992），1999年，McEvily和Zaheer也表达了类似的观点，2001年，Gnyawali和Madhavan再次表达了这一观点。他们认为，一方面，由于占据结构洞的企业排除了冗余企业，可以减少企业因冗余联系而带来不必要的资源浪费，因此，占据结构洞的企业可以获取更多非冗余性的知识和多样化的资源，从而促进企业绩效的提高。另一方面，占据结构洞的企业可以及时接触各类市场信息，敏锐感知潜在的风险，从而能够通过灵活地调整发展战略来更好地适应新的环境（Burt，1992；McEvily & Zaheer，1999；Gnyawali & Madhavan，2001）。Burt（2001）以美国大型电力公司里负责供应链的经理作为样本证实了这些观点，Burt（2001）研究发现，好的创意往往不在于其源头，而在于思想的交汇处，因此，靠近结构洞的人们更容易获得好创意。同时，占据结构洞位置的中介者更容易熟悉不同群体的观念和行为，因而容易赚取社会资本，于是那些占据供应链网络结构洞的经理们获得更高的报酬和职位也就不足为奇了（Burt，2007）。

Akbar等（2009）进一步指出，占据较多网络结构洞的企业由于能够接触到更多的双边不连接的合作伙伴，可以更加容易接触到更多不同类型的信息流，因此有利于企业技术创新活动的进行。从这种意义上看，在促进企业技术创新活动方面，企业与合作伙伴间稀疏连接的网络结构优于密集连接的网络结构（Andrew，2008；Akbar et al.，2009）。

Insead（2006）以加拿大投资银行作为研究对象，分析了结构洞对投资银行绩效的影响，研究发现，拥有丰富结构洞的银行的绩效好于其他银行，并指出原因可能在于结构洞越多，银行拥有的异质信息越多。这一观点正好印证了Hargadon和Sutton（1997）、Ahuja（2000）、Burt（1992，2004）的观点，他们认为，结构洞是信息流动的缺口，占据结构洞的行为主体能够获取异质性信息。而网络中的桥连接（Bridging Ties）能够帮助企业跨越结构洞缺口，获得新信息、新思想和新机会（McEvily & Zaheer，1999），特别地，在高度忠诚的网络组织中，搭建桥连接，填补结构洞，可以获得更大的技术创新机会（Xiao，2007）。Jason（2010）也认为具有桥连接作用的网络结构洞能够为企业提供足够的渠道来发现新的知识源，因此，网络结构洞有利于探索式技术创新。

外部网络的结构洞赋予了企业快速获取新信息的能力，有利于加速产品和服务创新，推动市场推广，从而提升企业绩效（Zaheer & Bell，2005）。与Insead（2006）一样，Shipilov和Li（2008）也以投资银行作为研究背景，研究占据结构洞的银行如何实现市场绩效和地位累积。他们选取1992~2001年英国的投资银行作为研究对象，研究发现，开放的网络不利于资源共享，从而限制了合作伙伴信息的获得。也就是说，结构洞有助于企业的地位累积，但不利于与合作伙伴协作实现市场绩效的提升。

（2）“结构洞悖论”。然而，也有一些学者持相反观点，他们认为，网络中的结构洞不利于企业的技术创新活动。Ahuja（2000）研究发现，企业合作网络中的结构洞对企业创新绩效具有负向影响，即结构洞越多，企业取得的专利越少。Ahuja（2000）认为造成这一现象的原因可能是，网络结构洞降低了企业与合作伙伴之间的交往频率，因此不利于企业的技术创新活动。这一观点得到了Obstfeld（2002）的证实。Dyer（2000）也表达了类似的观点，他认为企业占据的网络结构洞越少，其与创新伙伴间的关系就越密切，而关系越密切，就越能够促进合作伙伴间信任的形成，从而共享信息和资源，促进企业的技术创新活动。Rowley（2000）进一步从合作风险的角度指出，企业占据较少的网络结构洞有利于合作伙伴间保持密集的联结，而这恰恰有助于抑制网络成员的机会主义行为，从而保证企业的技术创新活动的顺利进行。

McFadyen（2009）认为，网络中的结构洞与企业创新绩效之间的关系并不是简单的正相关或负相关关系，在控制网络结构洞的数量的同时，网络中的个体必须保持强联系才能够有利于企业的技术创新活动。而David（2009）则一分为二地看待网络结构洞对企业技术创新活动的影响作用，他指出，在获取新创意阶段，企业需要占据较多的网络结构洞，而在实施新创意阶段，企业则需要与外界保持紧密的联系。所以，不能简单地将网络结构洞与企业技术创新的关系定位于“非此即彼”的状态，应该具体问题具体分析。

国内的部分学者也通过实证研究得出了结构洞与企业技术创新绩效负相关的结论。杨锐和黄国安（2005）通过研究杭州手机产业集群内企业的网络位置与其创新绩效之间的关系发现，企业的网络位置和网络规模与企业的创新绩效存在正相关关系，而结构洞与企业创新绩效的相关关系在统计检验上不显著（刘炬，2010）。肖知兴等（2007）以我国四家典型的科技型企业作为研究对象，研究结构洞对企业创新绩效的影响，研究发现，“结构洞”理论目前并不适用于中国的高投入企业，结构洞理论的普适性还有待进一步研究分析。

由上述学者的观点可以推出，网络结构洞的存在增加了网络的稀疏性（Vineet，2011），而网络的稀疏性并不利于企业技术创新活动，因此，需要整合强联系才能发挥结构洞对企业技术创新活动的促进作用（Hannah，2011）。

从上文可知，关于结构洞与企业技术创新绩效之间关系的观点尚存在很大分歧，这些理论争论激起了本书的第一个研究兴趣点。

2.1.2.2 “强联系”与“弱联系”之争

在有关联系强度与企业技术创新关系的相关研究中，学术界一直存在着两种截然不同的观点，即“强联系”与“弱联系”之争（Suarez，2005）。

（1）弱联系的凝聚力量。一种观点认为，弱联系（Weak Ties）在企业的技术创新中具有促进作用。学者们认为，弱联系所形成的网络中的新知识和新信息更为丰富和新颖，因此，弱联系能够帮助企业获取更丰富、更新颖的非冗余信息，而且就新知识和新信息的传递效率而言，与强联系相比，弱联系所扮演的角色更为重要（Granovetter，1973）。同时，Granovetter（1973）还进一步从弱联系的本质角度分析了弱联系对企业技术创新的作用和影响，他认为，弱联系是一种疏远的、不频繁的联系，一般情况下，它很可能是桥连接，连接小群体之外的个人或群体，因此，弱联系能够使企业及时获得各种新颖的信息（Novel Information），也就是说，这种疏远的、不频繁的弱联系与企业的信息获取和技术创新之间存在正相关的关系。Granovetter（1973）将弱联系对企业的信息获取和技术创新的作用称为“弱联系的凝聚力量”（Cohesive Power of Weak Ties）。

Granovetter（1973）的这一论点得到了一些实证研究的支持。通过对硅谷的技术企业展开研究，Putman（1993）发现，弱联系为硅谷技术企业的快速成长创造了良好的条件。Hakansson 和 Snehota（1995）更是明确指出，企业在网络中的强联系可能会对企业绩效产生负面作用。他们的这一判断得到了 Galunic 等（1998）的实证检验的支持。Galunic 等（1998）实证检验证实，网络中的强联系与企业绩效存在着负相关的关系。弱联系与企业技术创新绩效之间的正向关系也得到了中国企业样本的印证。魏江（2002）以杭州市软件产业集群作为样本进行了实证研究，研究发现，集群内的企业家、企业高层、中层和基层管理人员及技术研发人员等各类人员之间的弱联系，为产业集群内部技术知识与管理信息的顺利流动提供了最有效的路径。

（2）强联系的优势。与 Granovetter（1973）等相反，一些学者（Kraatz，2001；Nelson，1989；Suarez，2005；McEvily & Marcus，2005；Uzzi，1997）却认为强联系对企业的技术创新具有促进作用。他们认为，企业间的联结关系越紧密，信息交换就越频繁，越有利于企业从网络中获取知识和资源，从而越有利于企业进行技术创新活动。不可否认，在某些情况下，尤其是在提供新颖的信息方面，弱联系具有优势，但是，在组织间分享知识，特别是分享复杂知识时，弱联系却面临着知识转移方面的挑战，此时，强联系对知识转移尤为重要（Hansen，1999）。

强联系（Strong Ties）作为一种频繁的、亲密的、互惠的联系状态，能够在提供社会—情感支持（Socio-emotional Support）和解决组织间冲突（Solving Conflict）方面发挥重要作用，有利于形成网络成员之间的信任和互惠关系（Coleman，1988；Uzzi，1997），减少发生冲突的可能（Nelson，1989），产生共同解决问题的愿望和机制（Joint Problem-solving Arrangements）（McEvily & Marcus，2005；Uzzi，1997），为组织间的知识转移创造良好的氛围和环境，从而促进技术信息的良好流动，弱联系在这方面的表现明显逊于强联系（Uzzi，1997；Hansen，1999）。具体的作用机制主要体现在三方面：第一，Gulati（1995）曾指出，反复联盟具有促成信任并约束合作伙伴保持忠诚的作用，而反复合作能够使合作者保持较高的沟通频率和亲密程度，也就是说，强联系有利于促进信任的形成。而信任与互惠是增强合作伙伴转移知识意愿的前提条件，同时，信任与互惠还能有效地抑制合作伙伴的机会主义行为（Dyer & Singly，1998），从而提升知识转移的效率（Inkpen & Tsang，2005；Uzzi，1997）。第二，网络内成员之间的强联系能够降低合作伙伴之间的冲突水平（Nelson，1989），显然，较低的冲突水平有助于知识分享。第三，频繁的、亲密的、互惠的联系状态有利于形成共同解决问题的意愿和机制，这些彼此互惠互利的愿望和问题解决机制能够柔性地解决问题（Uzzi，1997），并促进复杂与缄默知识在组织之间的有效转移（McEvily & Marcus，2005）。

更进一步，一些学者认为，强联系具有获取隐性知识的效应和治理合作伙伴关系的效应。一方面，在知识经济背景下，获取深度嵌入在合作网络中的隐性知识要求企业必须建立基于信任、关系专用资产和路径依赖的嵌入关系（Uzzi，1997；Nahapiet & Ghoshal，1998）。另一方面，强联系还发挥着治理合作伙伴关系的效应，这是因为，强联系更利于促进合作伙伴之间建立和发展彼此之间的信任和监督关系（Uzzi，1996），共同培育互惠互利的合作观念，发展共同解决问题的制度安排，从而构建治理合作伙伴关系的社会控制机制（Rowley et al.，2000）。

以上关于强联系对组织间知识转移及企业技术创新绩效具有促进作用的观点得到了大量来自实证研究成果的支持（Hansen，1999；Kraatz，1998；Reagans & McEvily，2003；MeEvily & Mareus，2005）。信任、信息共享、共同解决问题与强联系的关系及这些因素对企业绩效的影响由MeEvily 和 Marcus（2005）通过实证测量验证。MeEvily 和 Marcus（2005）以信任、信息共享和共同解决问题三个维度测量网络联结强度，研究发现，尽管这三个维度的作用机制是不同的，但这三者均与企业绩效的提升能力之间存在正向的促进关系（MeEvily & Mareus，2005）。

更早之前，学术界也已经涌现了相关研究领域的一些研究成果。Uzzi（1996）通过对纽约服装产业进行研究发现，与外部企业保持强联系的企业能够获得精练的知识，成长步伐也较其他企业更快。Hsu（1997）以技术转移为例，分析了组织间的深度互动对技术转移的作用，研究证明，频繁而密切的互动不仅有利于技术接收方获得所需技术，而且有利于提高技术接收企业的生产管理水平和技术创新能力。Kraatz（1998）研究发现，强联系能够提升组织应对不确定性环境的能力，而强联系之所以能够提升应对不确定性环境的能力，关键在于强联系能够在组织之间提升信息分享的动机，降低不确定性，形成高效的信息分享机制，从而使信息在组织间顺畅流动，掌握充分信息的组织在应对不确定性时自然胸有成竹。Hansen（1999）研究发现，在项目组搜索其他单元的有用知识时，弱联系发挥积极作用，而在复杂知识转移方面，弱联系却表现出了消极作用，此时，强联系的作用优于弱联系，因此，两个项目组之间的知识转移往往需要强联系。具体来说，当被转移知识的复杂性较低时，项目组之间的弱联系能够加速项目开发，而当被转移的知识复杂性较高时，项目组之间的强联系更有利于项目开发。Dyer（2000）以丰田汽车的制造网络为例，探讨制造商和供应商之间的强联系对丰田汽车制造网络中的知识共享和知识扩散的影响作用，尤其是对黏滞性知识转移的影响，以及对企业绩效的提升有何影响。研究发现，制造商和供应商之间的强联系至少可以为丰田集团带来三方面优势：第一，网络知识对网络成员开放的同时，能够有效地防止知识溢出给竞争对手；第二，网络内互惠互利的合作原则有效地避免了“搭便车”现象；第三，网络内频繁的互动有效地降低了寻求和获取新知识的成本。Hansen（1999）和 Dyer（2000）的这些结论得到了 Reagans 和 McEvily（2003）的印证。Reagans 和 McEvily（2003）研究发现，尽管关系强度对知识转移的作用效应低于社会凝聚度（Social Cohesion）和网络范围（Network Range），但是强联系对知识转移的正向影响不容忽视。

强联系与企业技术创新绩效之间关系的结论也得到了中国情境下实证研究的支持。吴晓波和韦影（2005）以制药企业作为研究样本，从企业技术创新效率的角度出发，分析技术创新战略网络中企业与网络成员之间的强联系与企业技术创新绩效之间的关系。研究发现，与网络成员之间的强联系不仅为企业搭建了获取技术知识的桥梁，拓宽了企业获得高质量信息的渠道，而且还推动了复杂技术知识的转移，促进了企业提高自身的技术创新能力。同时，长期的互动合作提升了网络成员之间的信任和互惠关系，增加了成员的收益，并积累了彼此的社会资本，从而进一步强化了网络成员之间的强联系对企业技术创新绩效的积极影响。王炯（2006）通过对 128 家中国制造企业的研究发现，强联系有利于帮助本土企业从国际旗舰企业那里获取知识，从而有利于提升本土企业的绩效。

综上所述，强联系更有助于增进网络中成员间的信任和互惠关系，降低获取知识和资源的不确定性和风险，推动知识（特别是复杂的隐性知识）的转移和获取，从而促进企业的技术创新绩效的提升（Nelson，1989；Krackhardt，1992；Dyer & Singly，1998；Dyer & Nobeoka，2000；Levin & Cross，2004；McEvily & Marcus，2005）。

从上文可知，关于联系强度与企业技术创新绩效之间关系的观点尚存在很大分歧，这些理论争论激起了本书的第二个研究兴趣点。

2.2 开放式创新与企业创新绩效

开放经济背景下，企业积极参与内外部创新合作已成为常态，开放式创新活动与企业创新绩效之间的关系吸引了大批学者的注意力，本节将针对这些问题对相关研究成果进行回顾。

2.2.1 研究概况

早期关于开放式创新与企业绩效的关系研究主要聚焦于发达国家、大型企业、制造业、科技型企业等技术创新活动频繁的组织。近些年，随着开放式创新研究热度的不断升级，相关研究也越来越多地开始关注发展中国家、中小企业、服务业及中低技术企业等经济实体。

在研究方法方面，早期的相关研究中，案例研究方法占据了主流地位，而且研究对象主要取自欧洲、美国、日本等发达国家和地区的大型技术密集型企业（Schroll & Mild，2011），如 Chesbrough（2003）对 IBM、Intel、思科、朗讯等企业的创新实践的研究，Piller 等（2004）对壳牌化学、惠普和飞利浦等企业技术创新的研究以及 Mildred（2004）对宝洁公司的开放式创新模式的研究均采用了案例研究的方法。案例研究方法在国外被广泛运用于开放式创新领域的同时，我国一些学者也开始选取华为、海尔、长虹、东信、中集集团等中国的高新技术企业作为研究对象，对中国情境下高新技术企业在技术创新的不同阶段获取外部知识的策略及其影响因素进行了深入分析（郑刚等，2008）。

几乎在案例研究方法取得大量研究成果的同时，开放式创新的相关研究领域也吸引了大批实证检验的研究者们的注意。因此，在开放式创新的研究主题方面，几乎每年都有运用实证检验方法的具有代表性的研究成果诞生。Fey 和 Birkinshaw（2005）选取瑞典和英国的 107 家大型企业作为研究样本，并对这些企业的创新工作进行了实证检验，分析了研发管理模式、开放度和知识编码与创新绩效之间的关系。紧接着，Laursen 和 Salter（2006）又选取英国的 2707 家制造类企业作为研究对象，实证检验了企业的外部搜索（包括搜索广度和搜索深度）与其创新绩效之间的关系。Lichtenthaler 和 Ernst（2007）选取瑞士、德国和奥地利的 154 家工业企业作为研究样本，检验了开放度对开放式创新的绩效的影响。陈劲和陈钰芬（2008）以经济合作与发展组织（Organization for Economic Cooperation and Development，OECD）的 24 个国家的工业企业作为研究样本，实证检验了这些国家的企业的开放式创新活动与企业创新绩效之间的关系及其影响因素。Mattia Bianchi（2010）以生物制药公司作为研究对象，研究了企业在不同的发展阶段如何通过采用不同的创新组织形式，如采购、供应、许可协议、非股权联盟或其他技术和科学服务等，来获取外部技术知识并实现技术的商业化。Spithoven 等（2010）对比利时联合研究中心的大样本进行了统计检验，研究发现，吸收能力在开放度与企业的创新绩效之间具有中介作用。Schroll 和 Mild（2011）以欧洲的 24 个国家的 18 个行业作为研究对象，对这些国家的开放式创新活动进行了实证研究。

2.2.2 开放式创新与企业创新绩效的关系

开放式创新与企业创新绩效之间的关系激起了大批学者的研究兴趣，众多学者从各种研究视角出发对这一问题展开了深入研究，得出了丰富的研究成果。大致来看，学者们主要从资源基础观视角、创新网络嵌入视角、组织学习视角三种研究视角对这一问题进行了分析。

2.2.2.1 资源基础观视角

科技飞速发展的今天，传统的资源基础观（Resource Based View，RBV）面临着技术创新活动的复杂性和系统性的挑战，单一企业往往难以完全拥有创新活动所需的全部技术知识和资源，跨界搜寻外部技术资源、借助外部力量实现创新成果的商业化及充分构建创新活动所需的各类互补资产已成为企业的重要战略选择（Teece，1987）。Teece（1987）指出，通过广泛地参与创新合作活动，企业的动态能力不断增强，企业识别新兴技术机会的能力也不断提高，从而使企业能够通过调整现有能力或开发新能力来获得持续的竞争力。

开放式创新能够帮助企业获得更多的资源，提高企业的创新效率，降低企业的创新成本和不确定性，最终提高企业的技术创新绩效（Gassmann & Chesbrough，2009）。这是因为，开放式创新使企业摆脱了传统意义上的企业边界的束缚，实现了创新资源的完全“无边界化”流动。陈爽英等（2012）认为，开放式创新活动可以为企业带来企业技术创新中最重要的资源，即技术资源和商业化资源，他们以 TEECE 的研究框架作为基础，分析了开放式创新活动中的资源结构。研究结果表明，开放式创新中的资源可以分为“技术资源”和“商业化资源”，具体来说，输入型的开放式创新可以为企业获得“技术资源”，而输出型的开放式创新可以获得“商业化资源”。从开放式创新理论的诞生和发展历程来看，不难发现，这一理论是在吸收、整合并发展了吸收能力、用户创新、合作创新、创新网络等创新理论与研究方法的基础上开创的整合的创新理论，她们从输入型开放式创新和输出型开放式创新两个维度构建了企业获取创新资源的路径。

一方面，通过输入型开放式创新，企业可以从外部环境中获取技术创新所需的市场信息、技术资源、资本支持等关键资源甚至稀缺资源，弥补组织内部创新资源的不足，降低技术和市场的不确定性，从而夯实企业的创新基础，推动企业加速创新，扩大创新产出并且顺利打开新市场（Chesbrough & Crowther，2006；Chesbrough，2007）。在输入型开放式创新过程中，企业有目的地识别、引进和利用外部技术知识，不断地学习吸收新信息、新理念、新的生产与管理方式及新的技能，持续、系统地构建外部创新网络，努力拓展企业拥有的社会资本，最终获取企业生产经营和技术创新所需的稀缺资源。P&G 公司便是通过输入型开放式创新获取创新资源的成功案例之一，在新产品开发中，来源于 P&G 公司外部的新产品创意的比例甚至超过 1/3，输入型开放式创新促使 P&G 公司的 R&D 效率提高了 60%（Aitamurto & Lewis，2013）。因此，输入型开放式创新提升企业创新绩效的途径之一便是通过获取创新活动所需的互补资源，提高企业的创新能力，进而提高企业的创新绩效。

另一方面，在输出型开放式创新中，企业与外界其他组织的频繁互动，有利于增强组织间的相互信任，还有利于企业获得更多的主导或参与制定产业标准的机会，从而有机会获取更多的资源以提高创新绩效（West J. et al.，2013；Lichtenthaler & Ernst，2007）。在输出型开放式创新过程中，企业不仅可以将自身无法完成的商业化技术项目转让给外部合作伙伴进行创新成果的商业化，而且可以促进内部冗余的创新成果快速实现商业化。内部创新成果的外部商业化不仅可以为企业带来经济收益，而且能够提升企业的竞争优势，如曾红极一时的摩托罗拉公司每年从技术的外部商业化中获取的经济收益高达 100 亿美元，这为摩托罗拉公司赢得了丰厚的经济利益和创新资本（Lichtenthaler，2007）。除获得直接的经济收益外，企业还可以通过授权技术许可和技术输出等外部商业化方式，快速打开新产品市场，赢得市场竞争的领先机会。此外，虽然输出型开放式创新可能会给企业带来知识产权泄露、丧失行业技术领先者优势等风险，但是从长期来看，新创技术知识的输出、创新成果的外部扩散等都有利于企业在新的行业技术标准建立中构建优势地位，提升市场声誉，增加企业的无形资产，从而有利于企业获取行业领先者的竞争优势。因此，输出型开放式创新对企业资源获取方面的促进作用主要体现在新创技术的外部商业化带来的经济收益、市场势力及由创新成果的外部扩散增进的无形资产等方面。

然而，也有学者对开放式创新在资源获取方面的作用持怀疑态度。他们指出，开放式创新对组织资源获取的积极作用可能会受到至少三个方面因素的制约：第一，决定组织竞争优势的关键核心技术不易从外部获得。现实中，企业一般不会随意将自己的核心技术转移给其他企业，事实上，一些技术领先企业往往会保留技术转移的时间滞后性，以稳固自身的技术地位（张莹和陈国宏，2001；肖武岭，2006）。第二，决定组织竞争优势的专用互补资产也难以从组织外部获得。依据 Teece（1986）的专用互补资产概念，高度专用性互补资产是企业在产业结构中保持优势地位的重要保障，因此，拥有专用性互补资产的企业会致力于保护自身的专用性互补资产，而那些处于竞争劣势地位的企业获取专用性互补资产的难度将不可低估。第三，决定组织竞争优势的关键动态能力不易从外部获得。企业的能力理论认为，企业要保持竞争优势，就必须发展一种难以被模仿的动态能力（Day & Wensley，1988；Peteraf，1993；Prahalad & Hamel，1990），可见，能够保持竞争优势的动态能力是内化于组织内部的，难以通过市场购买、企业合作等方式获得，只能通过企业自身构建的方式实现（Teece，1997）。因此，尽管企业能够通过开放式创新获取大量的外部资源，但是获取资源的有效性还有赖于企业对核心技术、专用互补资产及动态能力的培育和发展。

2.2.2.2 创新网络嵌入视角

经济全球化时代，企业间的关系已经由单一的竞争或者合作关系转变为竞合关系，新的关系格局下，企业必须更多地关注并且努力构建外部网络结构（Moore D. G.，1996）。这一观点得到了一些学者的广泛认同（Lichtenthaler & Ernst，2007；Gassmann & Chesbrough，2009；Groen & Linton，2010；Dahlander & Gann，2010），在此基础上，他们进一步分析认为，组织外部的创新源泉对企业的创新实践非常重要，企业应积极与外部的创新源泉组成创新网络和联盟，这是企业提升创新能力的关键路径。企业与组织外部的创新源泉建立的创新网络增加了企业的社会资本，使企业在缺乏技术创新的资源时，可以通过跨界搜索的方式获取和补充，从而拓宽了企业生存和发展的空间。我国学者陈劲等（2012）也指出，广泛参与外部网络活动有利于企业构建或嵌入开放式创新网络，充分利用组织内外部各种创新资源，增强企业的创新能力，提高企业的技术创新绩效。

选择开放的而非封闭的创新环境，有助于企业在与外部环境交互的过程中，不断提升企业融合、构建和配置内外部资源的能力；有助于企业提升自身的内外部技术的协同能力，从而更好地应对快速变化的技术变革；

有助于企业提高知识创新能力，加快开发和利用新技术的步伐，从而为企业获得并保持持久的竞争优势提供技术创新动力。

2.2.2.3　组织学习视角

组织学习的观点认为，通过跨组织边界学习，企业可以快速获得经营发展所需要的互补性知识，不断扩充自己的知识储备，并通过组织内外部资源的有效整合，提高企业的组织柔性（Ghoshal & Barlet，1989），而企业实现互补知识的跨越组织边界的转移和利用则有赖于企业间的创新合作（Mitchell & Singh，1992；Hagedoorn et al.，2002；Das & Teng，2000）。这是因为，来自不同技术领域的企业之间的创新合作往往能够碰撞出全新的“技术火花”，生成全新的技术知识，从而推动相关技术标准的升级换代（Das & Teng，2000）。一些研究还表明，企业之间的创新合作有利于合作各方共享彼此的互补性的创新资源，共担创新风险和成本，缩短创新周期，提高企业的研发能力、生产能力、市场能力和学习能力，进而提高企业的技术创新绩效（Pisano，1996；Das & Teng，2000；Tyler & Steensma，1995）。

开放式创新模式颠覆了传统的企业边界概念，实现了创新资源和技术知识的自由流动。传统的创新管理理论认为，为了保证创新技术的独占性，技术创新活动只能由企业自己独自承担并且独自完成。此时，企业中存在着“非此地发明”（Not Invented Here，NIH）及“非此处销售”（Not Sold Here，NSH）的创新偏见，这种创新偏见导致企业一味盲目地坚持“此地发明”和“此处销售”，而无视组织边界之外有价值的新创意、新知识以及商业化途径，从而失去了向组织外部学习技术知识的宝贵机会。开放式创新的理念提出以后，企业越来越多地开始关注组织外部的创新动态，并且开始有意识地学习、吸收外部的那些有价值的新技术、新知识及商业化途径。开放式创新使企业通过学习合作伙伴的技术知识，尤其是那些不易被明确表达的隐性知识，提升企业的技术能力和学习能力，从而提高企业的技术创新绩效。因此，开放式创新模式使企业克服了“非此地发明”和“非此处销售”的偏见，此时，不论是新创意还是新知识，都可以在企业与企业之间双向流动。可以说，开放式创新不仅有利于实现组织创新资源的合理配置，而且促进了组织学习能力的提高。

开放式创新的两种模式，即输出型开放式创新和输入型开放式创新正是后发企业在创新网络内进行创新合作的两种主要方式。因此，本书猜测开放式创新活动在后发企业提升赶超能力的过程中发挥某种作用。这是本书的第三个研究兴趣点。

2.3 后发企业赶超

后发企业赶超战略的实施和赶超能力的提升一直是企业管理研究领域的重要话题。后发企业赶超战略的独特性有哪些？后发企业如何实施赶超战略？在实施赶超战略的过程中，会受到哪些外部情境因素的影响？这些问题都值得实业界和理论界进行深入探讨。下面将对相关文献进行回顾。

2.3.1 后发企业赶超的战略路径

综观现有研究文献，学术界对后发企业赶超的战略路径的相关研究主要是从创新网络嵌入、技术轨道变革、全球价值链嵌入三个研究视角展开的，下面将逐一回顾。

2.3.1.1 创新网络嵌入视角

基于创新网络嵌入的理论认为，随着技术的综合性、复杂性日益提高，组织间建立以技术合作为基础的创新网络成为开放型经济的一个显著特征。在开放型经济背景下，企业内部的技术学习固然重要，但纯粹的“闭门造车”已经无法适应日新月异的发展节奏，企业技术能力的建立和提升不仅依靠企业的内部学习，还需要企业间、企业与技术研发和服务机构之间的协同作用。发展中国家的后发企业在技术创新投入和技术能力方面与发达国家的领先企业存在着巨大差距，对领先企业先进技术的引进、模仿、改进被认为是后发企业实现追赶和超越的重要方式（Keller，2002；Krugman，1993；Coe & Helpman，1995；Barro & Sala－I－Martin，1997；Glass & Saggi，2002）。同时，由于技术后发企业的模仿成本远远低于技术领先企业的创新成本，后发企业可以通过技术模仿使其技术水平条件收敛于先进水平（Coe & Helpman，1995；Barro & Sala-I-Martin，1997）。因此，后发企业的外部创新网络对技术能力的发展十分重要，后发企业需要具备构建嵌入外部创新网络的能力。

后发企业从外部获取技术资源的观点始于后发企业追赶研究的鼻祖Gerschenkron。Gerschenkron（1962）在研究后发企业与领先企业技术差距的基础上，指出发展中国家后发企业在起步阶段缺少技术知识、管理和市场经验，可以学习利用发达国家领先企业已经成熟的技术和市场知识，减少“试错”成本，逐步实现追赶超越。Malerba（1993）更明确指出，技术知识的来源既可以是企业内部，也可以是企业外部，相对而言，先发企业以内部研发为主，而后发企业则以技术外部获取为主。Brezis和Krugman（1993）在总结发展中国家成功发展经验的基础上提出了基于后发优势的技术“蛙跳”（Leap-Frogging）模型。“蛙跳”模型指出，在技术水平达到一定程度的前提下，发展中国家的后发企业可以直接选择和采用那些相对成熟的高新技术，以较高的技术起点，实现整体竞争优势的快速提升和赶超战略的顺利推进。为了确保取得竞争优势，后发企业必须能够快速识别、获取和引入行业的最新技术，并且迅速地投入生产，借助于低成本优势，建立起自身的商业体系，来获得尚未被领先企业利用的市场机会。发展中国家后发企业由于资源相对匮乏，技术上存在先天劣势，要应对激烈变化的竞争环境，就必须有效整合外部创新网络的资源，及时捕捉技术和市场机会，从而快速提升技术和市场竞争力。基于此，跨企业边界的创新合作便映入了后发赶超学者们的眼帘。

开放式创新最早由Chesbrough于2003年提出，他认为有价值的创意可以从公司的外部和内部同时获得，其商业化路径可以从公司内部进行，也可以从公司外部进行。开放式创新理念的提出为企业外部创新网络的构建、维护和嵌入提供了强有力的理论支持，也为后发企业打开了捕捉外部技术机会和市场机会的全新思路，这为后发企业有效利用外部创新资源实现快速赶超指明了方向。然而，出人意料的是，后发企业从外部引进技术的原因除了后发劣势外，还有后发优势。冯雁秋（2000）认为，后发企业的后发优势的存在，加大了其技术创新的惰性和机会成本，使其更加倾向于从外部引进和改进技术。

2.3.1.2 技术轨道变革视角

基于技术轨道变革的视角认为，在动态环境中，后发企业实现对领先企业赶超的关键在于开发新的核心技术、建立新的技术轨道，跳出与领先企业在原有技术领域的竞争，从而构建追赶超越的“机会窗口”。这一研究视角的经典理论是 Christensen（1997）的破坏性创新理论。1997 年，Christensen 首次提出“破坏性创新”理论，他认为破坏性创新不仅仅改变产品的性能，更重要的是它能够变革行业目前主流的技术轨道，改变现有市场上的需求情况，开发全新的技术、产品、服务及商业模式，重新界定技术、产品及市场竞争的游戏规则。技术轨道的变革为众多后发企业打开了一个难得的赶超领先企业的“机会窗口”（Christensen et al.，1998），在新的技术轨道中，后发企业与领先企业位于相同的起跑线上，他们能够在同等条件下参与竞争。更有甚者，受核心刚性、路径依赖、组织惯性等制约，领先企业往往在技术轨道转变上落后于后发企业，因此，后发企业可以充分发挥技术变革成本低的优势，利用破坏性创新，增强自身的整体实力，抓住外部市场环境提供的低端破坏和新市场破坏机会，逐步实现追赶超越。

破坏性创新理论指出，无论在资源禀赋、市场地位还是能力结构上，后发企业与领先企业都存在巨大差距，领先企业在市场上占据领导地位，而后发企业一般处于追随者的地位，少数后发企业还扮演着市场利基者的角色，后发企业要想通过破坏性创新赶超领先企业，追根溯源，必须充分调动其动态能力，通过学习、吸收、整合等方式改变其资源结构，努力获取战略性资源，将后发优势转变为竞争优势，不断创造赶超领先企业的机会。

2.3.1.3 全球价值链嵌入视角

随着新兴经济体经济的蓬勃发展，来自新兴经济体的后发企业也开始在国际舞台上崭露头角，积极参与到经济全球化的浪潮中。关于发展中国家后发企业参与国际经济活动的相关理论研究也日渐火热。众多学者从后发企业如何嵌入全球价值链的视角对后发企业的发展壮大进行了深入研究。

早期的研究关注后发企业的 OEM-ODM-OBM 模式，Hobday（1995）在对韩国、新加坡、中国台湾、中国香港等地后发企业赶超路径研究的基础上，提出了经济全球化背景下后发企业的技术赶超模式：OEM-ODM-OBM，即原始设备制造—原始设计制造—原始品牌生产。与 Hobday（1995）观点相似的还有 Wong（1999），他提出了后发企业追赶超越的反向价值链战略，并且利用三星消费电子、宏碁电脑采用反向价值链战略成功实现赶超的案例分析了这一战略。同时，Wong（1999）还提出了后发企业五种赶超模式：反向价值链战略、反向产品生命周期创新战略、工艺能力专家战略、产品技术领先战略、应用领先战略。而 Kim（1997）则认为，在嵌入全球价值链的过程中，复制发达国家领先企业的技术模式比单纯的 OEM 模式更有效，他以韩国企业赶超的成功案例证实了后发企业从模仿到创新的这一赶超路径。另辟蹊径，Mathews（2006）提出了国际经济竞争舞台上后来者的 3L 分析框架——互联、杠杆化和学习（Linkage, Leverage and Learning），他认为后发企业要获取竞争优势，就要努力实现全球化和资源的杠杆化，并且在与国际合作伙伴的互联和杠杆化过程中实现自身学习性的提高。

2.3.2 政府扶持在后发企业赶超中的作用

后发企业的成功赶超往往不仅取决于其技术创新的水平，还受到来自技术、市场甚至政治等方面要素的影响和作用。后发企业产业地位的最终确立是各种影响因素之间错综复杂、相互交织的较量与变革的结果。

当前，制度情境是影响我国后发企业赶超战略的主要外部情境因素之一。制度理论是新兴经济体和企业战略领域的重要理论。伴随着后发企业追赶超越研究的日益火热，制度方面相关的研究也日渐成熟，正如 Pacheco 等（2010）所言，在后发企业的追赶超越过程中往往伴随着制度创业。政府扶持是制度情境中的重要构成部分，因此，本书将重点研究政府扶持对后发企业追赶超越的影响和作用。在现有相关研究中，有关政府扶持对后发企业赶超的作用存在两种截然不同的观点，即“制度优势论”与“制度悖论”之争。

2.3.2.1 制度优势论

事实上，一国的制度对后发企业的影响和作用早在 Alexander Gerschenkron 研究 19 世纪欧洲“后工业化”国家（如德国、奥地利等国）的赶超战略时，就已经引起了学者们的关注。Alexander（1962）通过分析德国钢铁和纺织品产业赶超英国的例子证实了政府政策对后发赶超的重要作用。他指出，德国之所以能够最终赶超英国并确立其在化学这样的具有较高科技含量的产业中的领先地位，就是得益于德国政府在德国钢铁和纺织品产业赶超英国的过程中给予的大力支持。这一研究成果为后续的相关研究开拓了一个新的研究视野。在 Alexander（1962）之后，大批学者研究了政府在后发赶超中的作用。

一些学者主张政府对后发企业的发展进行积极干预，他们认为政府的纠偏性干预能够有效地避免市场失灵（Lall，1992），为后发企业的追赶超越创造良好的经济社会环境，相应地，后发企业的健康成长对一国经济的发展也具有重要的促进作用。在此基础上，学者们将政府对后发企业的积极干预与后发赶超之间形成的互惠制度框架称为“发展型国家”模式。这一模式中一种典型的政策类型便是政府为了扶持相关产业发展而对这些产业给予财政税收方面的优惠甚至直接补贴，如新加坡和泰国对创业企业的股权融资（尤其是风险资本融资）、中国台湾地区对小企业的补贴（Hobday，1995）、韩国对大财阀的支持（Woo，1991）及日本的聚焦性官僚干预政策（Johnson，1982）。政府的财政扶持或直接补贴政策在美国、德国、日本、韩国等国家的产业和企业的赶超实践中都书写了重要的一笔。当然，一些学者也指出，发展中国家在强调政府对后发企业进行扶持的同时，也要处理好与日俱增的来自发达国家政府的对这些政策的敌意（Mazzoleni & Nelson，2007）。

另一类对后发企业技术进步具有重要影响的政策是一国的知识产权保护政策。在后发企业赶超过程中，采取技术引进与自主研发相结合的方式是后发企业技术能力提高的必要途径。知识产权保护制度的加强在一定程度上增加了本土企业模仿、学习发达国家企业的难度，尽管如此，一些后发企业所在国还是倾向于采取适度的知识产权保护政策。当然，一个有趣的研究发现是，某些知识产权政策并没有严格限制本国企业复制、模仿发达国家企业所开发或使用的先进技术能力（Mazzoleni & Nelson，2007）。Guennif 和 Ramani（2012）通过对印度制药行业 60 年的发展历程进行研究后发现，政府在制药行业的政策变革为后发企业带来了追赶超越的机会窗口，相应地，企业对政府政策的应对过程也为企业积累了一定的技术知识，如 1970 年印度政府取消产品专利，只保留流程专利的政策使民营企业积累了开发药品关键成分的能力，为这些后发企业提供了绝好的赶超机会。当然，后发国家的知识产权政策在保护后发企业技术进步的同时，还具有激励其尽快转型升级的政策作用。同样，Guennif 和 Ramani（2012）研究发现，印度在 1995 年加入世界贸易组织（WTO）后，其专利制度也开始与国际接轨，之前的相关政策不再可行，国内的制药企业转而开始努力提升内部研发能力。

2.3.2.2　制度悖论

也有一部分学者认为，政府的扶持对后发企业的发展没有积极的推动作用，反而可能具有消极的制约作用，不利于后发企业的发展壮大和追赶超越。Ernst（1998）认为，20 世纪 70 年代中期产生的韩国政府和大财阀之间的紧密共生关系虽然促进了企业的技术进步，却也造成了狭窄的产业基础和极端的专业化模式，从而导致韩国大企业在面对金融危机时脆弱不堪。无独有偶，一些学者认为，中国政府大力扶持的航空、石油、石化和电信产业的“国家队”显然未能实现预期中的赶超和飞跃（Nolan，2002；Nolan & Zhang，2002）。此外，还有学者认为，人们可能夸大了“发展型国家”模型对企业创新能力升级和经济社会发展方面的促进作用，政府扶持对产业和企业的积极作用会受到具体的经济模式、市场特点等因素的影响（Ritchie，2009）。

由此可见，关于政府在后发企业赶超过程中作用的相关研究尚未得出一致结论。这些理论争论激起了本书的第四个研究兴趣点。

3 概念模型与研究假设

由于存在着人员能力、信息能力、设备能力和组织能力等方面的先天不足，后发企业面临着技术方面和市场方面的双重劣势。因此，在实施赶超战略时，赶超能力的提升便成为后发企业的核心课题。一方面，处于技术劣势的后发企业需要加强与创新网络其他企业的技术合作，取长补短，内外兼修，不断提升企业的技术能力，缩小与领先企业的技术差距；另一方面，处于市场劣势的后发企业还应努力提升创新扩散和新产品商业化的能力，不断提升企业的市场能力。

3.1 概念模型

随着组织间创新合作活动的兴起，开放式创新网络已成为企业获取技术知识的重要源泉之一。在日新月异的产业技术领域，企业的技术创新不仅需要内部研发，也需要组织内外部的创新合作，外部创新合作成为内部研发的有力补充。组织外部的开放式创新网络具有补充组织知识的巨大潜力，并且对企业的技术创新具有重要的促进作用。

在开放式创新模式下，通过扩展企业的创新网络，加强与其他创新主体的协同创新，是后发企业获得竞争优势的必然选择。开放式创新网络是企业通过正式或者非正式的方式与外部组织建立的彼此信任、长期合作、互利互惠的各种创新合作关系，在开放式创新网络中，具有独特性但又相互联系的组织之间通过长期性的、有目的的创新合作安排，获得单个组织难以获得的创新资源，从而提升竞争优势。开放式创新网络既可以帮助企业规避高额的市场交易费用，又可以避免较高的组织成本，是快速变化的技术和市场环境下企业技术创新的一种有效模式。

后发企业如何构建或者参与开放式创新网络？在开放式创新网络中，后发企业如何最大限度地开发和利用内外部各项创新资源来提升自身的技术能力和市场能力？社会网络理论，尤其是著名的网络嵌入（Network Embeddedness）理论以其独特的研究视角和成熟的分析技术为后发企业构建或者参与开放式创新网络提供了重要的分析思路。

网络嵌入理论认为，经济主体和经济行为总是嵌入在不断发展的社会结构和社会关系之中，相应地，这些社会结构与关系又会反过来影响经济主体与经济行为（Granovetter，1985；Zukin，1990；Uzzi，1997）。网络嵌入区分为结构性嵌入和关系性嵌入两个类别（Granovetter，1985）。在结构性嵌入的研究中，最具代表性的是美国社会学家 Burt（1992）提出的“结构洞”理论。在结构洞与企业创新绩效之间的关系方面，学者们持两种截然不同的观点，即“结构洞优势论”和“结构洞悖论”之争。在联系强度与企业创新绩效之间关系的相关研究中，学术界也存在着两种截然不同的观点，即“强联系”与“弱联系”之争。

基于“结构洞优势论”和“结构洞悖论”之争及“强联系”与“弱联系”之争，本书构建开放式创新网络与后发企业赶超能力之间关系的概念模型和研究假设。

开放式创新网络只是为后发企业的赶超战略提供了外部条件，赶超战略的真正实现还有赖于后发企业内部创新能力的提升。全球化时期，“世界是平的”。在“平的世界”里，产品生命周期越来越短，市场竞争越来越激烈，仅仅依靠内部资源难以满足企业创新活动的需要，为了完善企业的知识基础，扩展企业的知识来源，企业需要努力拓展创新边界，构建和利用组织内外部的创新网络。通过建立战略联盟、取得内部许可等方式获取外部技术的开放式创新活动也日益受到企业的重视（Cassiman & Veugelers，2006；Beamish & Lupton，2009）。与此同时，在新技术商业化方面，也出现了企业开始积极向外推销技术知识的情况，开辟了新技术既可以内部商业化也可以外部商业化的路径。这一新兴的商业化战略一方面可以使企业获得一定的现金收益（如许可收入），另一方面也可以帮助企业获得某些非现金收益（如通过交叉许可获得的外部技术机会）（Gassmann，2006）。Chesbrough 将这一创新模式称为开放式创新。

开放式创新能够帮助企业降低创新成本与创新的不确定性和风险，获得更多的创新资源，提高企业的创新效率，最终提高企业的技术创新绩效（Gassmann & Chesbrough，2009）。开放式创新使企业摆脱了传统意义上的企业边界的束缚，实现了创新资源的完全“无边界化”流动，即技术知识和创新信息的跨边界无障碍流动，有利于企业获取外部资源和信息。开放式创新模式还颠覆了传统的企业边界概念，摒弃了“非此地发明”及“非此处销售”的创新偏见，实现了创新资源和技术知识的自由流动。

基于开放式创新对企业创新绩效的积极作用，本书构建开放式创新网络促进后发企业赶超能力提升的内部作用机制。

此外，后发企业的成功赶超往往不仅取决于赶超能力，还受到来自技术、市场甚至政治方面等外部情境因素的影响和作用。正如 Pacheco 等（2010）所言，在后发企业的赶超过程中往往伴随着制度创新。当前，制度情境是影响我国后发企业赶超战略的主要外部情境因素之一，而政府扶持是制度情境中的重要组成部分，因此，本书将重点研究政府扶持对后发企业追赶超越的影响和作用。在具体的影响机制方面，学术界存在着“制度优势论”与“制度悖论”之争。一些学者主张政府对后发企业的发展进行积极干预，他们认为政府的纠偏性干预能够有效地避免市场失灵（Lall，1992），为后发企业的追赶超越创造良好的经济社会环境。然而，也有一部分学者不提倡政府对后发产业和企业进行扶持，他们认为政府的支持对后发企业的发展没有积极的推动作用，反而可能具有消极的制约作用，不利于后发企业的发展壮大和追赶超越。

基于“制度优势论”与“制度悖论”之争，本书构建政府扶持在后发企业通过开放式创新提升赶超能力过程中的外部调节效应。

综上所述，本书提出图 3-1 所示的整体概念模型：

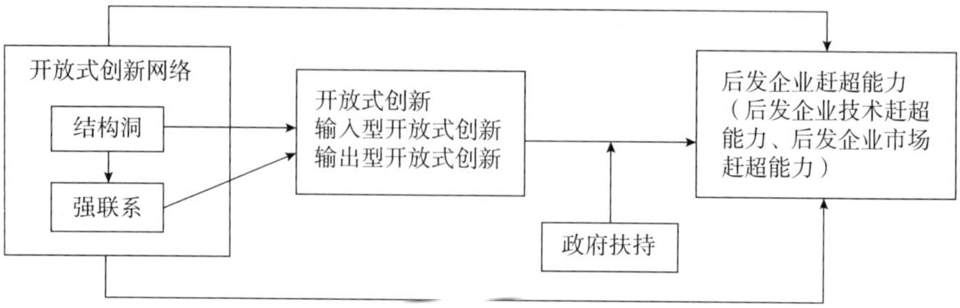

图 3-1　本书概念模型

3.2　概念界定

3.2.1　后发企业

“后发”（Latecomer）一词最早是由历史学家 Gerschenkron（1962）提出的，Gerschenkron 在研究 19 世纪的欧洲后发工业国家（如德国和奥地利）时发现，这些后发国家能够通过利用领先国家的领先技术，实现本国的工业化，“后发”一词开始引起学者们的关注。伴随着 20 世纪“亚洲四小龙”的崛起，Gerschenkron 的理论再次引起学者们的广泛关注。进入 21 世纪，随着中国、印度等发展中国家的迅速壮大，有关后发的注意力也开始纷纷转向以金砖四国为代表的新兴经济体，研究的视角从国家、产业的宏观角度延伸到了企业的微观视角，有关后发企业的研究也日益成为企业战略管理领域的热门话题。

然而，尽管有关后发企业的研究吸引了众多学者的注意，有关后发企业的定义却尚未达成一致。一些学者认为后发企业就是后进入市场者或新兴企业（Perez & Soete，1988；Miller et al.，1989；Golder & Tellis，1993；Schnaars，2002），他们认为后发企业就是后期进入产业和市场的企业；而另外一些学者则认为后发企业是后发国家的企业（Hobday，1995；Cho et al.，1998；Mathews & Cho，1999；江积海，2005；徐大可和陈劲，2006；吴晓波，2013）。

在众多观点中，Hobday的定义最具代表性，也得到了最广泛的应用。Hobday（1995）认为，后发企业就是面临技术方面和市场方面双重劣势的发展中国家的企业。他指出，由于难以企及发达国家的领先技术和研发源头，发展中国家的后发企业与世界科学和创新中心相隔甚远，因而导致其在工程、技术技能和研发等方面的落后。相应地，后发企业发展所需要的技术基础设施建设也相对滞后。这就是后发企业面临的技术劣势。另外，后发企业还面临着与主流市场相隔离的困境，他们面对的往往是发展不足的小规模当地市场和简单用户，有限的市场需求严重制约了后发企业的扩张和发展。这就是后发企业面临的市场劣势（Hobday，1995）。

进一步地，Mathews和Cho（1999）指出，后发企业的判定应满足以下三方面条件：第一，战略目标方面，后发企业是一个以赶超领先企业为目标的快速跟随者；第二，发展路径方面，后发企业是一个充分利用各种资源杠杆的模仿者，不一定是创新者；第三，组织学习方面，后发企业是一个通过制度支持实现从最基础的技术层面向领先技术水平升迁的快速学习者。江诗松（2011）认为，Mathews和Cho（1999）对后发企业的这一判定标准过于苛刻，这一判定标准仅局限于赶超成功的后发企业，而排除了赶超不成功的后发企业，因而难以比较不同赶超绩效的后发企业，从而无助于识别影响其赶超绩效的关键因素。Mathews（2002）在之前研究的基础上对后发企业的判定条件又进行了补充和完善，他认为后发企业应该满足以下四个条件：第一，进入次序方面，由于某些历史条件的原因，后发企业是一个产业的新进入者；第二，资源方面，后发企业的资源相对匮乏，并且面临着技术和市场的双重"瓶颈"；第三，战略意图方面，后发企业以赶超领先企业为主要目标；第四，竞争态势方面，后发企业在向领先水平升迁的过程中还保留着部分原始竞争优势，如低成本等。

一些学者在研究后发企业特征的同时，也探讨了后发企业赶超领先企业的可能性。早在1962年，Gerschenkron就曾指出，那些相对落后的工业化国家和地区，有可能获得较快的增长速度，并且实现经济方面的成功赶超。Abramovitz（1986）在Gerschenkron（1962）的基础上，提出了著名的追赶假说——落后国家和地区的经济增长速度与其初始禀赋存在反向联系，那些相对落后的国家和地区反而可以获得较高的经济增长速度。这一理论为后发国家和地区甚至后发企业的追赶超越提供了理论支持。在这两位学者之后，大批学者通过对日本、韩国、新加坡等东亚新兴工业化国家和地区经济高速增长的分析，印证了后发赶超的可能性。Brezis 等（1993）在前人研究的基础上，结合发展中国家的成功经验，提出了著名的“蛙跳”模型。“蛙跳”模型表明，领先与落后、发达与不发达并不是一成不变的，即使后发国家、地区和企业存在着竞争劣势，它们仍然有机会赶超那些领先国家、地区和企业。演化经济学家佩蕾丝（1994）则分析了后发企业赶超的“机会窗口”。她指出，当一种产品技术成熟并成为主导技术后，产业技术和产品逐步标准化，拥有低成本优势的发展中国家后发企业便获得了赶超的第一扇“机会窗口”；另外，由于发达国家的领先企业存在核心刚性、资产专用性、组织变革惰性等一系列“大企业病”，基于原有技术轨道的技术和市场经验不能完全适应新的技术轨道要求，而发展中国家后发企业则可以凭借较小的核心刚性约束、较强的技术学习动机、更加柔性的组织结构和更加灵活的组织制度等后发优势，轻装前进，随机应变，迎接技术轨道的变革，从而打开后发赶超的第二扇“机会窗口”。

改革开放以来，我国的企业努力向发达国家的领先企业学习，在技术水平、市场能力方面都得到了很大提升，并不断缩小与发达国家领先企业的差距。同时，由于我国目前尚属于发展中国家，人均 GDP 尚处于较低水平，企业的技术能力普遍仍处于中低端水平，在经济全球化的背景下，我国的企业不可避免地面临着技术和市场的双重劣势。因此，本书认为，后发企业是指那些与发达国家领先企业相比，面临着技术和市场双重劣势，市场竞争力较弱，市场占有率和品牌知名度较低，努力通过战略创新，不断提升技术能力和市场能力，并以赶超领先企业为目标的发展中国家国内企业。

3.2.2 赶超及其维度

3.2.2.1 赶超的概念

赶超，顾名思义，就是追赶和超越。

Lee 和 Lim（2001）认为，后发企业追赶是指在既有的技术轨道中，后发企业努力使自身的技术能力达到领先企业的水平；而后发企业超越是指后发企业突破原有的技术轨道，开发出新的核心技术或建立新的技术轨道，使自身的技术水平超越了领先企业。吴晓丹和陈德智（2008）则认为，赶超是指跟随者与先行者之间相对运动的速度和位置关系，即追随者快速前进，逐步或者迅速缩小与先行者的距离，并在一定条件下赶上甚至超过先行者。就其基本语义而言，赶超是指在追随一段时间和距离之后，赶上或超过前者。

后发企业由于存在着先天的技术劣势和市场劣势，后发企业的追赶和超越也应体现出克服这两方面劣势的战略意图，脱离了技术和市场这两个变量的任意一个都难以实现真正的追赶和超越。因此，本书认为，后发企业追赶是指后发企业在现有产业领域内，通过努力提升技术能力和市场能力，使其产业竞争力接近或者达到主要竞争对手的水平；而后发企业超越是指后发企业通过改善现有的技术能力和市场能力，或者通过开发新技术、新市场，颠覆现有的竞争内涵，从而使其技术竞争力和市场竞争力达到并超越竞争对手的水平。也就是说，后发企业的追赶主要通过提升现有技术轨道和市场领域的竞争能力来实现，而后发企业的超越则既可能通过模仿、改善现有技术，在现有的技术轨道内来实现，也可能通过开发新技术或者新市场，建立全新的技术轨道或者市场领域，改写竞争规则来实现，这一点与 Lee 和 Lim（2001）的观点略有差异。

3.2.2.2 赶超的维度

“赶超”是发展中国家后发企业重要的战略特征之一，相关的研究自 20 世纪 60 年代便始终是后发企业研究领域的热门话题。早期的研究将后发企业成功的原因聚焦于外部因素，如低成本优势、政府支持甚至运气。然而，当后发企业取得了持久的竞争优势以后，这些外部因素就不足以完全解释后发企业的赶超现实，更令人满意的对后发企业成功的解释应该聚焦于它们如何快速获取、消化技术知识并提升自身的技术能力（Mathews & Cho，1999）。正如能力观所言，与企业的外部资源相比，企业的内部条件才是企业建立和维持持久竞争优势的源泉所在。因而，后发企业对领先企业的赶超也体现在内部能力的构建、积累和赶超上，后发企业的赶超过程实质上是其在能力方面奋起直追的过程。

由于后发企业面临着技术方面和市场方面的双重劣势，因此，在分析后发企业的赶超能力时，本书重点聚焦于市场赶超能力和技术赶超能力这两方面。前者主要包括市场绩效，如市场占有率、销售利润率等指标；后者则与技术方面的绩效有关，如技术创新能力、技术水平等（Lee & Lim，2001；Awate et al.，2012）。

（1）后发企业市场赶超能力。众所周知，熊彼特所定义的创新包括五种情况：①采用一种新产品；②采用一种新的生产方法；③开辟一个新市场；④获取或控制一种新的原材料供应来源；⑤实现任何一种工业的新的组织，如形成或打破一种垄断地位。从熊彼特（1912）的定义可以看出，创新不仅包含新技术的开发，还包含新技术的首次商业化和对这些创新的大规模应用，即经济学家所描述的创新扩散。事实上，创新的扩散不仅包括新技术与新创意的获取，还涉及新技术与新产品的大规模采用过程，而某种新产品进入市场并且被广泛接受则有赖于企业强大的市场能力（Everett，2001）。

以往关于后发企业赶超的研究文献过于注重技术能力的构建，而对市场能力的研究较少，尤其是针对后发企业市场能力赶超的研究更少。由于20世纪90年代引起广泛关注的后发企业赶超主要发生在韩国、新加坡等国家，这些国家的后发企业多以出口导向型为主，因而早期有关后发企业的市场赶超能力的研究成果专注于其出口份额的提升。然而，随着全球化的推进及新兴经济体的崛起，一些新兴经济体的内部市场已经成为跨国公司和本国后发企业激烈角逐的竞技场，因而最近的研究开始关注后发企业面向国内市场的市场能力（Li & Kozhikode，2008）。得益于我国庞大的人口规模和快速发展的国民经济，我国的后发企业拥有巨大的国内市场容量，因而，现阶段我国后发企业的竞技场主要集中于国内市场，考察我国后发企业的市场赶超能力主要落实于其国内市场能力的提升。

目前，学术界尚未对市场能力给出明确的定义，Humphrey 和 Schmitz（2000）认为，市场能力是指企业以其独特的技术或者产品优势获得了对价格、产量的自由决策权或扩张市场份额的能力，并且获得了一定程度的市场控制力，使其在一定程度上摆脱了来自市场的各种约束条件，从而最大程度上实现了战略目标。

本书认为，后发企业的市场赶超能力是指后发企业获得较高的市场份额、较强的品牌影响力、较多的价格主导权及较高的市场利润率的赶超能力，主要体现在市场控制能力和市场获利能力两个方面。

(2) 后发企业技术赶超能力。与后发企业的市场能力相比，以往的相关研究将注意力更多地集中于后发企业的技术能力，一些学者甚至认为持续提高的技术能力才是后发企业获取并维持长期竞争优势的关键，发展中国家后发企业是否实现了对西方发达国家领先企业的赶超也最终体现在后发企业能否在世界技术的前沿上参与竞争（Chu，2009）。这样的观点尽管稍显过激，但在一定程度上确实说明了技术能力的提升对后发企业实现赶超的重要作用。大量研究指出，技术能力的提升是企业竞争力的主要决定因素，只有通过提升技术能力、促进企业转型和产业升级，向全球价值链的高端攀升，后发企业才能实现赶超（Kim，1997；Lall，1990；Verspagen，1991；路风和慕玲，2003；朱瑞博等，2011）。

“技术能力”是企业管理领域研究热度较高的一个话题，这一研究主题引起了大批学者的研究兴趣。“技术能力”一词最早出现在 20 世纪 80 年代中期，当时主要用于国家层面（主要是发展中国家）。随着技术创新研究的不断深入，研究对象由国家层面扩展到区域层面、产业层面和企业层面，“企业技术能力”也就应运而生。Figueiredo（2008）认为，技术能力是企业创造和管理技术变革所需的全部资源，它们通过技能、知识、经验和组织体制得以累积和体现。而 Bergek 等（2008）则认为，技术能力主要是指企业对问题进行识别、分析并予以解决的能力。我国学者魏江（2006）认为，技术能力是企业内所有和技术相关的知识和信息的总和，主要通过企业的创新绩效体现，如新产品数、新产品的市场竞争力及专利等。

在技术能力的具体维度方面，国内外学者也进行了深入的探讨。我国台湾学者林子敬（1989）认为，企业技术能力突出地表现在企业引进和消化吸收新技术的能力方面，而 Kim（1997）则从发展中国家的企业技术能力发展的角度出发，将技术能力划分为仿制能力、创造性模仿能力和自主创新能力。Costa 和 Queiroz（2002）指出，企业技术能力可分为职能能力和元能力两个维度，职能能力主要包括运营能力、改进能力和生成能力，元能力主要包括学习能力、互动能力及监测能力。Isobe 等（2008）认为，企业技术能力包括技术改进能力（Refinement Capability）和技术重构能力（Reconfiguration Capability）两部分。

国内关于技术能力的早期研究侧重于技术的引进吸收能力，随着我国企业自主创新能力的不断提高，国内的相关研究开始强调企业的自主创新能力。例如，傅家骥（1998）认为，技术能力包括生产能力、吸收能力和创新能力。赵晓庆和许庆瑞（2002）则在研究发展中国家技术能力提升的链式结构的基础上，指出后发企业的技术能力包括技术仿制能力、技术创造性模仿能力、自主创新能力。王秀江和彭纪生（2008）综合了前人的观点，认为企业技术能力是动静态的结合体，既包括技术知识和技术信息等静态要素，又包括技术知识转化、整合等动态过程。

本书认为，后发企业的技术赶超能力是指后发企业对产业技术知识进行获取、学习、运用、升级、更新以及开发全新技术知识和技术标准的赶超能力。因此，后发企业的技术赶超能力主要体现在技术知识的获取吸收和新技术的创新能力两方面。

3.2.3 开放式创新网络

3.2.3.1 开放式创新网络的概念

Freeman（1991）在引用 Imai 和 Baba（1989）的系统创新、跨边界创新等概念的基础上，首次将创新网络定义为应付系统性创新的一种基本制度安排，其主要联结机制是企业间的创新合作关系。在 Freeman（1991）之后，大批学者对创新网络进行了研究。早期研究认为，创新网络是一种有利于获取规范化的系统知识、正式报告、软件及隐性知识的工具（Nonaka，1995），它是一个相互连接较为松散、非正式、嵌入性、重新整合的彼此学习和交流的系统（Koschatzky，1999），是一个包含创新行为主体间复杂的交互、交换和联系作用的创新过程（Jones et al.，1999），抑或是存在于产品创新过程中的一些自治的、平等的企业通过建立持久的商业联系而构成的系统（Aken & Weggeman，2000）。以上学者关于创新网络的定义尚未明确体现出“开放式创新网络”的内涵。

而 Harris 等（2000）关于创新网络的定义在一定程度上体现了开放式创新网络的含义。他们认为，创新网络是由产业内不同的创新参与者，如企业、R&D 机构和创新导向服务供应者通过正式合约或者非正式安排形成的协同创新体。创新参与者们共同开发新产品，共同参与新技术的商业化，并且建立各种直接或者间接的互惠、灵活的关系，从而使网络整体的创新能力大于个体创新能力之和。我国学者沈必扬和池仁勇（2005）也认为，企业的创新网络就是在创新过程中，企业与各创新主体（如大学、科研院所、地方政府、中介机构、金融机构等）在交互过程中建立的相对稳定的、能够激发或促进创新的、具有本地根植性的、正式或非正式的关系总和。Vanhaverbeke 等（2008）进一步指出，创新网络由从小到大的五个层次构成：第一层是企业各职能部门内部的创新网络；第二层是企业层面的跨部门的创新网络；第三层是组织双边层次的开放式创新网络，如通过契约式/非契约式联盟、股权/非股权联盟及企业风险投资等方式互相联合而组成的创新网络；第四层是组织间的创新网络，这一层面的创新网络不只是基于单一企业或双边企业组成的开放式创新网络，而是由多个创新主体（如其他企业、高等学校、研究机构等）组成的创新网络；第五层是由区域创新系统或国家创新系统组成的创新网络。可以说，Harris、Coles 和 Dickson（2000）及沈必扬和池仁勇（2005）关于创新网络的定义已经初步显现了开放式创新网络的含义，而 Vanhaverbeke 等（2008）对创新网络层次的划分则明确了开放式创新网络的含义和边界。本书的研究主题主要限定在 Vanhaverbeke 等（2008）所指的第三层和第四层的开放式创新网络。

技术创新是一个复杂的过程，受到许多因素的影响，单个企业很难完全孤立地进行创新，企业必须与其他的组织（如供应商、客户、竞争者、大学、研究机构、投资银行、政府部门等）建立联系，来获得创新所需的各种知识、信息和其他资源。因此，本书认为，后发企业的开放式创新网络是指在后发企业技术创新的过程中，各创新主体通过契约关系或在反复交易的基础上形成的彼此信任、长期合作、互利互惠的正式或者非正式的创新合作网络。在这一创新网络内，后发企业的技术创新知识既可以自主研发，也可以从组织外部获取；后发企业的创新成果商业化既可以通过自身实现，也可以通过向组织外部转移来实现。

3.2.3.2 开放式创新网络嵌入

20世纪80年代以来，随着社会资源理论、结构洞理论、弱联系与强联系假设、“嵌入”理论、社会资本理论、市场网络理论等多个流派的不断发展，社会网络理论日益成熟，社会网络理论以其独特的研究视角和成熟的分析技术为创新网络的研究提供了重要的分析思路。其中，围绕网络成员及成员间关系展开研究的网络嵌入（Network Embeddedness）理论最具代表性。

（1）开放式创新网络嵌入的概念。最早对嵌入思想进行研究的是经济人类学研究领域中的“实体主义”（Substantivist）学派的代表人物Polanyi（1944），他在其名著*The Great Transformation*中提出了嵌入的概念并建议将此概念运用于经济理论的研究中（Granovetter，1985；Barber，1995；Uzzi，1997）。Polanyi（1944）认为，人类的经济行为嵌入并联结于经济和非经济的制度之中，诸如宗教、政府等非经济因素可能会像货币政策、减轻劳动强度的工具一样在经济活动中发挥重要的作用，因此，应将这些非经济因素纳入经济研究中。然而，在古典社会学与新古典经济学占据主导地位的那些年，Polanyi（1944）的观点并未受到足够重视，使嵌入理论真正广为人知的是Granovetter（1985）。

1985年，Granovetter在继承和发展Polanyi（1944）关于嵌入的观点的基础上，发表了著名的题为“经济行为和社会结构：嵌入性问题”的论文，发表在《美国社会学杂志》上的这篇论文为经济学和社会学领域的学者们打开了一个全新的研究视角。彼时，新古典经济学中的“社会化不足”倾向和古典社会学中的“过度社会化”观点正分别受到各自粉丝的大肆追捧，而Granovetter（1985）却持折中的观点，他冷静地分析指出，在现实的经济社会中，经济主体和经济行为既不可能完全受制于社会结构与社会关系，也不可能完全脱离社会环境，而是应该适度地嵌入于社会结构与社会关系中（Granovetter，1985；Barber，1995；Uzzi，1997；Dacin et al.，1999）。Granovetter（1985）的这一观点使沉寂了40余年的嵌入理论重新引起了学术界的关注，并且逐步受到了来自经济学、社会学、管理学等诸多学科领域研究者们的重视，嵌入理论也因此获得了长足的发展并成为今天网络理论中最重要的研究视角之一。

本书认为，后发企业的技术创新活动和市场竞争行为并不是脱离产业环境和社会环境孤立存在的，而是嵌入于一定的市场背景和产业技术创新网络中，并与产业创新网络内的其他成员相互影响、相互制约、协同创新、共同进步。因此，后发企业赶超战略的实施离不开相应的市场环境和技术创新网络，也就是说，后发企业的技术创新活动和市场竞争行为嵌入相应的产业创新网络。

（2）开放式创新网络嵌入的分类。在阐述了网络嵌入的现实存在性后，Granovetter（1985）又进一步将网络嵌入区分为结构性嵌入和关系性嵌入两个类别，并在 1992 年的研究中对上述两种嵌入类型进行了详细的阐述。结构性嵌入主要用于分析社会网络的内部结构及其影响，这一视角的嵌入主要关注经济主体在社会网络中的位置对其经济行为和经济绩效产生何种影响及如何产生影响，具体的作用机制主要通过网络规模、密度、中心度、中介度等定量指标进行分析和描述（Burt，1992；Granovetter，1992；Andersson et al.，2002）。而关系性嵌入则主要用于分析社会网络内各经济主体之间相互连接的关系特征及其影响，即网络中各经济主体之间的关系特征（如信任、互惠、合作、关系紧密程度及关系质量优劣与否等问题）是否及如何影响其经济行为和经济绩效，并用关系强度、关系质量、关系内容等维度对具体的影响机制进行分析和刻画（Granovetter，1992；Uzzi，1997；Gulati，1998；Gulat & Gargiulo，1999；Rowley et al.，2000）。这一分类框架清晰明了地描述了网络嵌入的特征、维度及作用，受到学者们的广泛认同，因此也成为网络嵌入研究领域的经典框架，后续的众多学者均沿用了这一分析框架。

此后，学者们又从诸多研究视角出发，对网络嵌入进行了深入研究并对其维度进行了划分。其中比较具有代表性的有 Zukin 和 DiMaggio（1990）、Andersson 等（2002）及 Hagedoorn（2006）的划分观点。Zukin 和 DiMaggio（1990）在对 Granovetter（1985）的嵌入概念进行继承和发展的基础上，进一步将网络嵌入划分为结构嵌入、认知嵌入、文化嵌入与政治嵌入四个维度（Zukin & DiMaggio，1990）。Andersson 等（2002）从经济行为的内容视角出发，将网络嵌入划分为技术嵌入和业务嵌入两个维度。Hagedoorn（2006）在综合前人关于网络嵌入层次的相关研究成果的基础上，提出了著名的三层次嵌入理论，即将网络嵌入划分为环境嵌入（Environmental Embeddedness）、组织间嵌入（Interorganizational Embeddedness）和二元嵌入（Dyadic Embeddedness）。此外，还有其他学者从各自的研究领域出发，对嵌入的维度进行了分析和划分，如常见的社会嵌入、网络嵌入和空间嵌入三个维度。

可以看出，现有成果对嵌入的维度划分基本上继承和发展了 Polanyi（1944）和 Granovetter（1985）的研究视角，并从宏观、中观、微观三个层面对嵌入的维度进行了分析和划分（Zukin，1990；Jessop，2001；Hess，2004；Hagedoorn，2006），三个层次的嵌入相互影响、彼此交织，共同影响经济主体的经济行为。

本书认为，后发企业在创新网络中的绩效主要受网络位置和网络关系两方面因素影响：一方面，后发企业在创新网络内的位置会影响后发企业获取创新知识、扩散创新成果的绩效；另一方面，后发企业与创新网络内其他成员的关系模式和关系质量也会影响技术创新及市场竞争的绩效。因此，在考察开放式创新网络对后发企业技术赶超能力和市场赶超能力的影响时，本书将以后发企业在开放式创新网络内的结构性嵌入和关系性嵌入作为主要变量。对后发企业结构性嵌入的分析主要从该领域的经典观点——结构洞理论入手，而对关系性嵌入的分析则从关系强度入手。

3.2.4 结构洞

在结构性嵌入的研究中，学者们主要通过考察社会网络整体的结构特征及作为个体节点的企业在社会网络中的结构性特征对其经济行为和经济活动的影响作用及影响机制，通过网络规模、网络位置、密度、中介度、中心性等指标进行分析。其中最具代表性的是美国社会学家 Burt（1992）提出的“结构洞”理论。1992 年，Burt 在其撰写的《结构洞：竞争的社会结构》一书中首次提出“结构洞”的概念，之后这一概念逐渐被广泛认可并日益受到学术界的关注。

所谓“结构洞”，是指社会网络中的“洞隙”，这些“洞隙”的存在导致网络中的行为主体之间不能直接建立连接或者行为主体之间的关系出现中断。如图 3-2 所示，我们用四个行动者 A、B、C、D 所形成的 A 的个人人际网络来解释结构洞。由图 3-2（a）可知，B、C、D 三个行动者之间没有直接联系，只有行动者 A 同时与这三名行动者有直接联系，因此，图 3-2（a）中具有三个结构洞 BC、BD、CD（虚线所示）。与网络中的其他三个人相比，显然，行动者 A 更具有竞争优势，因为他处于网络的中心位置，最有可能接近网络中的所有资源，而另外三个行动者则必须通过 A 才能与对方建立联系。而图 3-2（b）中的每个个体所获得的信息基本上是对等的、重复的，因此，图 3-2（b）是封闭网络，网络内不存在结构洞。

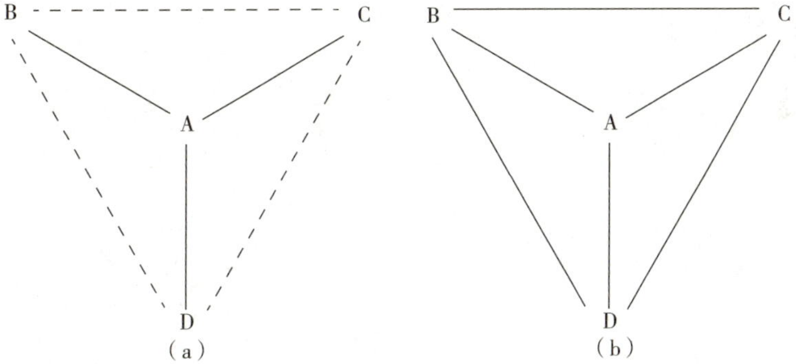

图 3-2　结构洞网络与封闭网络

结构洞表明行动者之间存在着非冗余联系（Burt，1992），然而，仅仅依靠非冗余联系人之间的关系缺失并不能直接判断结构洞的存在，学者们通常采用“凝聚性（Cohesion）缺失”和“结构对等性（Structural Equivalence）缺失”这两方面标准来判断结构洞是否存在。第一条标准，即“凝聚性缺失”，是指如果聚焦于网络节点的两个联络人之间存在着直接联系，那么两者之间便存在冗余性联系，相应地，他们的凝聚性也较强，因而，两者之间就不存在结构洞；相反，如果两者之间存在着非冗余性联系，他们的凝聚性较弱，两者之间就存在着结构洞。例如，在图 3-3（a）中，1 提供给聚焦节点 A 的信息与 2 和 3 提供的信息具有非冗余的特点，因此，1 和 2、3 之间存在结构洞；而 2 和 3 为聚焦节点 A 提供的是冗余的信息，因而，2 和 3 之间就不存在结构洞。同理，图 3-3（b）中，1、2、3 之间不存在结构洞。而第二条标准，即“结构对等性缺失”，则意味着“两个联络人与网络中的同一群人之间不能共享相同的网络关系”（刘军，2009）。也就是说，结构对等的两个联络人拥有相同的信息源，因此，他们提供给聚焦节点的信息是重复的、冗余的，此时，这两个联络人之间就不存在结构洞；相反，在存在结构洞的情形下，聚焦于节点的两个联络人之间的网络结构是不对等的。如图 3-3（c）所示，虽然聚焦于节点 A 的联络人 1、2、3 之间均不存在着直接连接，但是，由于他们的网络结构具有对等性，所以任意两者之间都不存在结构洞。更进一步，Reagans 和 McEvily（2004）在综合考虑了聚焦节点 A 的间接联结的基础上，绘制了网络的全局结构洞，如图 3-3（d）所示，聚焦节点 A 的两侧的两组节点之间存在全局结构洞。

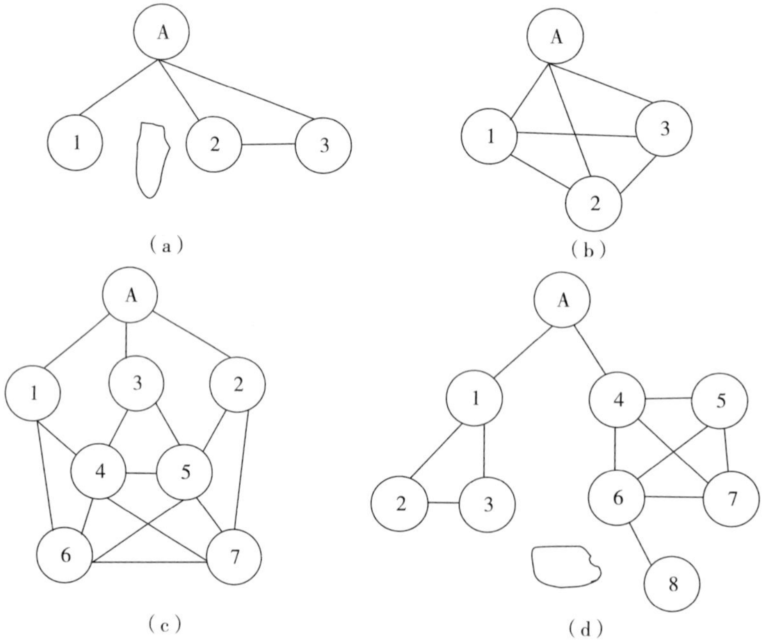

图 3-3　结构洞判断标准

资料来源：Burt Ronald. Structure Holes: The Social Structure of Competition [M]. Cambridge: Harvard University Press, 1992.

3.2.5 强联系

在关系性嵌入的研究视角下，联系强度，即弱联系与强联系及其与企业绩效之间的关系一直是学者们关注的重要话题。学术界通常用联系强度（Strength of a Tie）来概括在某一联系中所包含的联系频率、时间投入、情感投入、情感亲密度和双方互惠程度等问题（Granovetter，1973；Nelson，1989；Hansen，1999；Reagans & McEvily，2003；Suarez，2005；Lechner，Frankenberger & Floyd，2010）。相应地，联系强度分为弱联系与强联系。弱联系是一种不频繁的、疏远的联系（Granovetter，1973），而强联系则是一种频繁的、亲密的、互惠的联系（Nelson，1989；Hansen，1999；Reagans & McEvily，2003；Lechner et al.，2010）。

也就是说，联系强度描述了合作网络中组织间互动联系的力量。当企业与其外部合作伙伴之间的互动频率、情感亲密度、双方互惠程度较高时，意味着企业与外部合作伙伴之间保持着强联系；反之，当企业与其外部合作伙伴之间互动频率、情感亲密度、双方互惠程度较低时，意味着企业与外部合作伙伴之间保持着弱联系。

3.2.6 开放式创新的概念及其分类

3.2.6.1 开放式创新的概念

2003年，Henry Chesbrough首次提出了“开放式创新”一词，用以描述企业通过与外部创新源的广泛互动，充分利用大量外部知识，以及通过技术知识向外转移实现新技术商业化的这一创新过程（Chesbrough，2003；van de Vrande，Lemmens & Vanhaverbeke，2006）。Chesbrough（2003）认为，企业技术创新的知识既可以来源于组织内部，也可以来源于组织外部，同样地，新创技术的商业化过程既可以依靠组织内部实现，也可以借助外部渠道实现，因此，企业应积极开拓组织内部与外部两类创新价值来源。

与开放式创新相对应的一个概念是“封闭式创新”，“封闭式创新”是指企业的创新过程必须由企业自身全程控制，企业的研发、生产、销售及售后支持等一系列活动必须依靠企业自身的力量完成。这一创新模式是 20 世纪 80 年代以前企业通用的创新模式。封闭式创新的实质是企业为了保证技术知识的独享和垄断，拒绝与外部资源合作，而是仅仅依靠自身有限的研发投入和研发能力进行技术创新活动。显然，这一创新模式对企业的资金实力和研发能力要求都很高，而外部的创新源泉（如科研机构、高等学校等）都不重要，风险投资的作用几乎可以忽略，技术的内向和外向流动几乎是不可能的。封闭式创新在大行其道若干年之后，它的劣势也逐渐显现出来，主要体现在以下三个方面：第一，大部分创新活动被行业内的一些大型企业（如杜邦公司、IBM 公司、HP 公司和施乐公司）所垄断（Chesbrough，2003），而那些中小企业却因有限的资金和技术能力而与技术创新无缘，从而导致难以摆脱的落后局面。第二，大量的新创技术由于未能及时商业化而被束之高阁，造成了创新资源的巨大浪费，Chesbrough（2007）通过非正式的统计发现，企业的专利实际利用率仅仅在 5%~25%。第三，尽管市面上已经出现同类的廉价技术，一些企业却仍然关起门来进行重复的无用创新，以致落后于快速变化的市场节奏（West & Gallagher，2006）。

在封闭式创新带来种种弊端的同时，企业家和学者们都将目光投向了它的对面——开放式创新。在开放的经济背景下，大量中小企业在技术创新的历史舞台上扮演了越来越重要的角色。在新的创新浪潮中，大型企业也不再一味地执着于所有技术的创新，甚至在某些领域，它们可能会购买外部技术或收购中小企业，并在外部既有技术成果的基础上进行再创新，同时，与以往凭一己之力进行商业化不同，一些大企业还通过中小企业来实现其创新“副产品”的价值，从而实现创新价值的最大化（Chesbrough，2003）。进一步地，针对 Christensen（1997）提出的“创新者困境”（the Innovator's Dilemma），Chesbrough（2003）指出，开放式创新由于可以借助外部创新源进行技术创新和新技术商业化，因此使企业走出了“不创新，难以生存；创新，则面临巨大风险”的“创新者困境”。

在 Chesbrough（2003）之后，大批学者研究并拓展了开放式创新的内涵。Hastbacka（2004）认为，开放式创新的基本内涵就是，企业在瞬息万变的信息社会中，紧跟科技发展的步伐，抓住技术创新的每一次机会，努力建立开放式的创新网络，充分利用企业内部和外部的技术和创新思想，合理运用各类投资组合等研发投入来源，同时，企业的新技术或新产品还可以通过技术转让或者资产分派等方式进行商业化，并由市场将信息及时反馈给研发部门。West 和 Gallagher（2006）认为，“开放式创新”的“开放性”突出地表现在创新环境的开放性、创新主体的开放性、创新资源的开放性、创意开发的开放性四个方面。具体而言，开放式创新是指企业对创新资源的开发不再局限于企业内部，还包括企业外部的广泛资源，企业更注重在内外部同时搜寻和利用创新作用，有效整合企业自身的能力和外部获得的资源，并通过内外部两类渠道开发市场机会。

早期的相关研究陷入了非此即彼的烦恼之中，学者及企业家们经常纠结于技术知识“自制还是购买”的决策问题（Geyskens et al.，2006）。事实上，“自制”与“购买”之间没有绝对的界限，企业在决定某一特定技术应该内部制造还是外部购买时，同时对内部和外部的知识进行开发利用总是更可取的。企业自行开发所有需要的技术知识往往是不现实的，充分发挥内部知识与外部知识的互补作用才是最明智的（Cassiman & Veugelers，2006）。

Chesbrough 等（2006）对开放式创新的概念做了进一步的阐述。他们指出，开放式创新就是积极地、有意识地对组织的知识进行输入和输出，从而分别促进企业的技术创新和创新成果的商业化。输入型开放式创新是指技术知识由组织外部向组织内部转移的创新过程，包括从组织外部开发知识的开放式创新过程。例如，一些大型制药公司的某些技术是从外部合作伙伴那里获取的，如生物技术公司（Schwartz & Huff，2010）。相应地，输出型开放式创新是指技术知识由组织内部向组织外部转移的创新过程，包括对技术知识的商业化。例如，飞利浦公司每年从技术许可中就可以获利数百万美元（Alexy et al.，2009）。事实上，这两种类型的创新活动并不是对立的，某些情况下，两者甚至是紧密相连的，如交叉许可就属于这种特殊的创新活动，在交叉许可中，企业在接触外部知识的同时需要转让其部分技术（Lichtenthaler，2008）。

本书认为，后发企业的开放式创新是指后发企业技术创新活动的知识和信息既可以通过自身开发来获得，也可以来源于组织外部；相应地，技术创新成果的商业化既可以自身实现，也可以通过将创新成果向外部转移来实现。也就是说，后发企业的开放式创新活动既可能是将组织内部的技术知识输出到组织外部，也可能是将组织外部的创新知识输入组织内部，即开放式创新既包括输入型的开放式创新，也包括输出型的开放式创新。

3.2.6.2　开放式创新的分类

在 2003 年首次提出“开放式创新”的基础上，Chesbrough 和 Crowther 于 2006 年又进一步将开放式创新分为输入型开放式创新和输出型开放式创新。输入型开放式创新是指企业充分整合和利用外部那些有价值的创意、知识和技术，来开展企业的创新活动；输出型开放式创新是指企业将自身有价值的创意、知识和技术输出到组织外部，创新成果的商业化过程由其他组织完成。

（1）输入型开放式创新。在创新网络中，企业的创新活动不仅依赖于自身的研发工作，还可以通过与其他组织进行合作创新的形式，将外部创新资源引入企业内部并加以利用，也就是说，技术知识创造的场所并不必然等同于创新的场所。Laursenk 和 Salter（2006）通过对英国制造型企业的实证研究发现，整合供应商、客户和外部知识来源可以丰富公司自身的知识基，进而提升企业自身的创新实力。此时，有价值的新创意不仅可以来源于企业自身的研发实力，还可能来源于与企业相关的供应商、顾客、大学、政府机构，甚至是竞争对手。Enkel 和 Gassmann（2009）通过对 144 家公司的调查发现，外部知识来源最多的是客户（78%）、供应商（61%）、竞争者（49%）及公共的商业研究机构（21%）。

在输入型开放式创新的具体维度方面，Dahlander 和 Gann（2010）做了有益的探索，并且被后续学者广泛沿用。他们根据输入型开放式创新过程中是否存在经济交易，将输入型开放式创新划分为整合和获取两种类型。

1）整合。整合是指通过在外部市场购买技术知识、市场信息或者接受相关的技术授权等方式获得技术创新资源的一种开放式创新模式。从组织外部购买技术或者接受技术授权，不仅有助于降低企业自身的研发成本和风险，而且可以帮助企业解决仅靠自身力量难以解决的问题（王鹏飞，2010）。因此，充分整合并利用企业内外部的技术知识变得越来越重要，正如 Ahuja 和 Katila（2001）的研究表明，积极从外部获得技术资产并将它们与企业内部的技术资产合理匹配，不仅可以提高企业的技术能力，而且可以提高企业的创新绩效。在适当的条件下，尽管并购活动约束了创新投入的规模，企业仍然可以获得较高的创新绩效。

2）获取。获取是指企业从外部创新源免费获得相关的技术信息和知识。一般情况下，在进行内部研发之前，企业往往会对外部环境中的相关技术领域进行调查和搜索，以便摸清现有的技术水平和那些可以直接利用的创意和技术知识（Chesbrough，2006）。这是因为，外部创意与内部创新流程的有效结合将有利于开发出更高质量的新产品或新服务（Dahlander & Gann，2010）。事实上，Ahuja 和 Katila（2002）就已经指出，企业的运营和发展过程伴随着大量的创新搜索过程，如搜索更好的组织结构、更新的制造方法或者其他创新活动。

（2）输出型开放式创新。现有的研究主要聚焦于企业从外部环境整合或获取技术知识，即输入型开放式创新，事实上，在开放式创新的背景下，除了输入型开放式创新之外，企业还可以通过向外部“释放”、授权或者出售创新信息和技术知识等方式，即输出型开放式创新，实现创新成果的商业化。企业通过主动地知识溢出或者出售对自身来说相对没有价值的技术知识给其他组织，一方面缓解了自身进行创新成果商业化的压力，另一方面也可以获得可观的技术转让收益。因此，与输入型开放式创新相比，输出型开放式创新对企业的经营发展和创新活动同样具有重要的作用。然而，从目前的研究情况来看，与输入型开放式创新的研究现状相比，有关输出型开放式创新的研究相对较少，企业的输出型开放式创新被学者们有意无意地忽略了（Dahlander & Gann，2010）。

在输出型开放式创新的具体维度方面，Dahlander 和 Gann（2010）采用了研究输入型开放式创新维度的方法，即根据企业向外部输出知识的过程中是否存在经济交易，将输出型开放式创新划分为免费释放和授权两种。

1）免费释放。免费释放是指企业将内部的技术知识、创新信息和资源无偿输出到外部环境中，而不追求任何直接的经济回报。然而，需要注意的是，尽管免费释放的方式并不能够获得直接的经济利益，却可以为企业带来其他间接的利益。企业与其竞争对手彼此互相免费释放各自的研究创意和成果，并形成创新合作的非正式化网络（Henkel，2006），推动成功的渐进性创新，从而提升整个产业的创新能力（Nuvolari，2004）。相反，在创新的过程中，如果企业过度地强调保护自身的内部知识和信息，反而会使自己处于相对孤立的境地，从而加大获得外部知识和资源的难度，有效的输入型开放式创新也就难以实现了（Dahlander & Gann，2010）。

Harhoff 等（2003）认为，技术创新的成本、新技术的特殊性、新技术为企业获得的价值提升及企业间的竞争强度等方面是影响企业免费释放信息的成本与收益的最主要因素。Henkel（2006）研究发现，尽管技术知识的免费释放会给企业带来一定的负面影响，如增加企业的机会成本或产生竞争对手的“搭便车”现象，然而，在 Linux 软件的开发过程中，一些企业却愿意主动将自己的研发成果“奉献”到公共的嵌入性 Linux 代码中，而且它们也会从其他企业那里获得非正式的软件开发支持。当然，企业对 Linux 开发过程中的免费技术释放不是一股脑儿地不加选择地全部释放，而是有选择性地释放大约一半的代码，并且对另一半的代码加密保护。这种有意识的选择性免费释放，可以有效地平衡免费释放导致的利益和风险之间的关系，从而保证信息开放性的效果。

科学合理的免费释放和扩散可以帮助企业获得以下利益：获得更高的社会荣誉和地位、获得相关的互补资产、扩大企业的市场份额、推动建立该技术非正式的标准（Von Hippel，2007）。

2）授权。授权是指企业通过将自身的研发成果出售或者授权给其他组织的方法，来实现新创技术和创意的商业化的过程。毋庸讳言，授权可能会威胁到企业的竞争地位，还可能带来一定的市场风险。然而，受到技术授权所带来的丰厚资本回报的刺激，一些企业开始把授权技术定位为最重要的战略方向之一，甚至连那些实力雄厚的欧美大型企业（如 IBM 和德州仪器）也已经开始积极地开展技术的授权活动，新技术和新发明的授权活动变得越来越活跃。

随着产品生命周期越来越短，技术竞争越来越激烈，企业的新创技术商业化的压力也越来越大，与此同时，企业还掌握着大量“于己无用”的技术知识，而技术交易一方面可以帮助企业尽快实现创新成果的商业化，为企业获得更多的研发回报；另一方面也“激活”了大量被企业闲置的“无用”技术，从而实现了研发工作的价值最大化。技术的成功授权不仅可以提高自身的技术声誉及在行业内的地位，还可以完善企业的内外部创新网络（Lichtenthaler & Ernst，2009）。

3.3　研究假设

3.3.1　开放式创新网络与后发企业赶超能力

在开放式创新网络中，企业与企业之间的直接联系可能为企业带来资源共享和知识溢出的机会，而间接联系只能带来获取知识溢出的机会，同时，开放式创新网络对企业创新绩效的促进作用受到企业在创新网络内的嵌入方式和联结强度的影响。企业在创新网络内的嵌入方式可以通过结构洞来体现，而联结强度则可以通过企业与创新网络其他成员联系的强弱程度来反映。网络结构洞的存在增加了网络的稀疏性（Vineet，2011），而网络的稀疏性并不利于企业技术创新活动，需要整合强联系才能发挥结构洞对企业技术创新活动的促进作用（Hannah，2011）。笔者认为，在后发企业的技术创新过程中，相对于弱联系而言，强联系更加有利于创新绩效的提升。因此，本书尝试以结构性嵌入领域的结构洞理论及关系性嵌入领域的强联系理论来分析开放式创新网络对后发企业赶超的影响。

3.3.1.1　结构洞与后发企业赶超能力

结构洞与企业的行为和绩效之间的关系是社会学和经济学领域一些学者关注的焦点。有趣的是，学者们对结构洞与企业绩效之间关系的判断截然不同：一部分学者认为结构洞能够为企业带来竞争优势，即“结构洞优势论”，而另一部分学者则认为结构洞不利于企业的创新绩效，即“结构洞悖论”。

“结构洞悖论”认为，企业合作网络中的结构洞对企业创新绩效具有负向影响。网络结构洞降低了企业与合作伙伴之间的交往频率，结构洞越多，企业取得的专利越少。相反，企业所占据的网络结构洞越少，其与创新伙伴间的关系就越密切，越能够促进合作伙伴间信任的形成，从而促进信息和资源的共享，推动企业的技术创新活动。较少的网络结构洞有利于合作伙伴间保持密集的连接，而这恰恰有助于抑制网络成员的机会主义行为，从而保证企业的技术创新活动的顺利进行。

然而，“结构洞优势论”却认为，结构洞对企业的创新绩效具有重要的促进作用。结构洞作为一种静态的社会资本，能够使网络中的聚焦节点在获取资源和利益方面占有先天的竞争优势，这些竞争优势具体表现在结构洞为其“占据者”带来的信息优势和控制优势：一方面，占有“结构洞”的行为主体更容易获得信息优势，行为主体在网络中拥有的“结构洞”越多，越容易及时获得网络中的信息，相应地，获得的信息数量也大，信息内容也更具体，因而能够创造出更多的获利机会。另一方面，占有“结构洞”的行为主体更容易获得控制优势，该行为主体可以凭借自身的“中介”地位和信息优势，扮演网络中信息交换的“第三方”角色，利用“第三方”这一身份灵活采取各种策略以获取相关收益。这类企业拥有横跨不同企业的“结构洞”，能够获得和产生更多的新创意、新想法和新知识，从而相对于其他稠密地带的企业更具有竞争优势。在企业网络中，网络节点企业的控制优势可以使节点企业操纵其他互不相连的两家企业之间的信息流动，迫使它们让步或者竞争。

笔者认为，占据结构洞的网络节点企业由于处于网络中信息枢纽的位置，所以更有可能取得更棒的新创意、更高的生产率及更好的经济效益。一方面，由于结构洞是信息流动的缺口，占据结构洞的企业排除了冗余企业，能够获取异质性信息，可以减少企业因冗余联系而带来的不必要的资源浪费，因此，占据结构洞的企业可以获取更多非冗余性的知识和多样化的资源，从而促进企业绩效的提高；另一方面，网络结构洞能够为企业提供足够的渠道来发现新的知识源，占据结构洞的企业由于能够接触到更多的双边不连接的合作伙伴，可以及时接触各类市场信息，获得新信息、新思想和新机会，敏锐感知潜在的风险，从而能够通过灵活地调整发展战略来更好地适应新的环境。因此，开放式创新网络的结构洞赋予了企业快速获取技术领域和市场方面新信息的能力，不仅有利于产品和服务的快速创新，而且能够推动新技术和新产品的市场推广，从而提升企业的创新绩效。在后发企业的技术创新过程中，合理占据创新网络中的结构洞并对其科学管理将有利于后发企业及时获取技术和市场信息，紧跟产业发展的节奏。

基于此，本书提出如下假设：

假设 1a1：结构洞对后发企业技术赶超能力（后发企业技术吸收能力、后发企业技术创新能力）具有正向的促进作用。

假设 1a2：结构洞对后发企业市场赶超能力（后发企业市场控制能力、后发企业市场获利能力）具有正向的促进作用。

3.3.1.2 强联系与后发企业赶超能力

在有关联系强度与企业技术创新的关系的相关研究中，学术界一直存在着两种截然不同的观点，即“强联系与弱联系之争”（Suarez，2005）。

一种观点认为，弱联系在企业的技术创新中具有促进作用。学者们认为，弱联系形成的网络中的新知识和新信息更为丰富和新颖，因此，弱联系能够帮助企业获取更丰富、更新颖的非冗余信息，而且就新知识和新信息的传递效率而言，与强联系相比，弱联系扮演的角色更为重要。由于弱联系是一种疏远的、不频繁的联系，一般情况下，它很可能是桥连接，连接小群体之外的个人或群体，弱联系能够使企业及时获得各种新颖的信息，也就是说，这种疏远的、不频繁的弱联系与企业的信息获取和技术创新之间存在正相关关系。

然而，另一种观点却认为强联系对企业的技术创新具有促进作用。他们认为，企业间的联结关系越紧密，信息交换就越频繁，越有利于企业从网络中获取知识和资源，从而越有利于企业进行技术创新活动。不可否认的是，在某些情况下，尤其是在提供新颖的信息方面，弱联系具有优势，但在组织间分享知识，特别是分享复杂知识时，强联系却尤为重要。

强联系具有获取隐性知识的效应和治理合作伙伴关系的效应。在知识经济背景下，获取深度嵌入在合作网络中的隐性知识要求企业必须建立基于信任、关系专用资产和路径依赖的嵌入关系。强联系作为一种频繁的、亲密的、互惠的联系状态，能够使合作者保持较高的沟通频率和亲密程度，有利于形成网络成员之间的信任和互惠关系，为组织间的知识转移创造良好的氛围和环境，促进技术信息的良好流动，并促进复杂与缄默知识在组织之间的有效转移，从而提升获取隐性知识的效率。强联系更利于促进合作伙伴之间建立和发展彼此之间的信任和监督关系，共同培育互惠互利的合作观念，有效地抑制合作伙伴的机会主义行为，减少发生冲突的可能，降低合作伙伴之间的冲突水平，形成共同解决问题的意愿和机制，发展共同解决问题的制度安排，从而构建治理合作伙伴关系的社会控制机制。同时，强联系还能够提升组织应对不确定性环境的能力，这是因为，强联系能够在组织之间提升信息分享的动机，降低不确定性，形成高效的信息分享机制，从而使信息在组织间顺畅流动，掌握充分信息的组织在应对不确定性时自然胸有成竹。

笔者认为，后发企业与创新网络内合作伙伴保持频繁、亲密的互动不仅为后发企业搭建了获取技术知识的桥梁，拓宽了后发企业获得高质量信息的渠道，而且推动了复杂技术知识的转移，有利于企业的技术开发和成果的商业化，促进后发企业提高自身的技术创新能力。同时，强联系更有助于增进网络中成员间的信任和互惠关系，增加成员的收益，积累彼此的社会资本，降低获取知识和资源的不确定性和风险，推动知识（特别是复杂的隐性知识）的转移和获取，从而促进企业的技术创新绩效的提升。

基于此，本书提出如下假设：

假设 1b1：强联系对后发企业技术赶超能力（后发企业技术吸收能力、后发企业技术创新能力）具有正向的促进作用。

假设 1b2：强联系对后发企业市场赶超能力（后发企业市场控制能力、后发企业市场获利能力）具有正向的促进作用。

3.3.2 后发企业赶超模型的中介作用机制

3.3.2.1 开放式创新在创新网络与后发企业赶超关系中的中介作用

结构洞是信息流动的缺口，占据结构洞的网络节点企业由于处于网络中信息枢纽的位置，可以获取更多非冗余性的知识和多样化的资源，可以及时接触各类市场信息，敏锐感知市场的潜在机会和风险，及时灵活地调整发展战略来更好地适应市场发展的要求，因此更有可能取得更棒的新创意、更高的生产率及更好的经济效益。企业拥有横跨不同企业的结构洞，能够获得和产生更多的新创意、新想法和新知识，从而相对于其他稠密地带的企业更具有技术开发的优势。由此可见，结构洞对后发企业赶超的促进作用主要体现在及时获得外部信息方面，而获得的大量信息只有被后发企业充分利用才能发挥应有的价值，开放式创新便是后发企业充分利用结构洞优势实现赶超的最佳路径。

另外，频繁的、亲密的、互惠的强联系状态有利于形成共同解决问题的意愿和机制，增进网络中成员间的信任和互惠关系，降低获取知识和资源的不确定性和风险，推动知识（特别是复杂的隐性知识）的获取和转移，从而促进企业的技术创新绩效的提升。企业与网络内其他成员间的强联系，不仅为企业搭建了输入技术知识的桥梁，而且构建了高质量的信息转移渠道，推动了复杂技术知识的输出和扩散，从而实现了技术知识的输入与输出的双向流动，促进了企业自身技术创新能力的提升。由此可见，强联系对后发企业赶超的促进作用不仅体现在知识获取的便利性上，而且体现在技术转移方面。而技术知识的获取和技术成果的转移问题恰恰是开放式创新的内容，可以假设，强联系对后发企业赶超的作用是通过开放式创新来实现的。

后发企业技术实力和市场实力都较薄弱，单靠自身力量往往难以完全拥有创新活动所需的全部技术知识和资源，跨界搜寻外部技术资源、借助外部力量实现创新成果的商业化及充分构建创新活动所需的各类互补资产已成为企业的重要战略选择。开放式创新能够帮助企业获得更多的资源，提高企业的创新效率，降低企业的创新成本和不确定性，最终提高企业的技术创新绩效。开放式创新不仅在高新技术产业得到了较快发展，在其他产业中也得到了广泛应用，这种创新模式不仅有利于推动企业的技术创新，而且在寻求市场增长、增加销售收入、研发新产品等方面具有重要的推动作用。

开放式创新中的资源可以分为“技术资源”和“商业化资源”，具体来说，输入型的开放式创新可以使企业获得“技术资源”，而输出型的开放式创新可以获得“商业化资源”。

在输入型开放式创新过程中，企业有目的地识别、引进和利用外部技术知识，不断地学习吸收新信息、新理念、新的生产与管理方式及新的技能，持续、系统地构建外部创新网络，努力拓展企业拥有的社会资本，最终获取企业生产经营和技术创新所需的稀缺资源。在输出型开放式创新过程中，企业不仅可以将自身无法完成的商业化技术项目转让给外部合作伙伴进行创新成果的商业化，而且可以促进内部冗余的创新成果快速实现商业化。而且，从长期来看，新创技术知识的输出、创新成果的外部扩散等都有利于企业在新的行业技术标准建立中构建优势地位，提升市场声誉，增加企业的无形资产，从而有利于企业获取行业领先者的竞争优势。

基于此，本书提出如下假设：

假设 2a：输入型开放式创新在开放式创新网络与后发企业赶超能力（后发企业技术赶超能力、后发企业市场赶超能力）之间的关系中扮演中介变量角色。

假设 2b：输出型开放式创新在开放式创新网络与后发企业赶超能力（后发企业技术赶超能力、后发企业市场赶超能力）之间的关系中扮演中介变量角色。

3.3.2.2 强联系在结构洞与开放式创新、后发企业赶超关系中的中介作用

网络结构洞降低了企业与合作伙伴之间的交往频率，企业所占据的网络结构洞越多，其与创新伙伴间的关系就越疏远，而关系越疏远，就越不利于合作伙伴间信任关系的形成，从而制约网络内信息和资源的共享和利用，阻碍企业的技术创新活动。较多的网络结构洞不利于构建合作伙伴之间的信任和监督机制，而网络成员间信任和监督机制的缺乏恰恰可能是滋生机会主义行为的温床，因此，较多的结构洞可能导致成员间疏远的关系和较高的合作风险，从而难以保证企业技术创新活动的顺利进行。

网络中的结构洞与企业创新绩效之间的关系并不是简单的正相关或负相关，在控制网络结构洞的数量的同时，网络中的个体必须保持强联系才能够有利于企业的技术创新活动。David（2009）曾经指出，应一分为二地看待网络结构洞对企业技术创新活动的影响作用，在获取新创意阶段，企

业需要占据较多的网络结构洞，而在实施新创意阶段，企业则需要与外界保持紧密的联系。创新网络内的成员企业在拥有一定数量的结构洞的同时，必须保持和其他成员企业的密切联系才能更好地发挥结构洞的信息优势和控制优势。同时，频繁的、亲密的、互惠的强联系状态有助于后发企业及时获取技术知识和创新成果外部商业化信息。

基于此，本书提出如下假设：

假设 2c：强联系在结构洞与开放式创新（整合、获取、授权、免费释放）之间的关系中扮演中介变量角色。

假设 2d：强联系在结构洞与后发企业赶超能力（后发企业技术赶超能力、后发企业市场赶超能力）之间的关系中扮演中介变量角色。

3.3.3　政府扶持对开放式创新网络与后发企业赶超能力关系的调节作用

Alexander（1962）曾经指出，后发企业可以享有制度优势，国家政策有助于后发企业克服劣势，充分发挥后发优势，追赶并超越行业领先企业。政府扶持对后发企业赶超的影响作用主要体现在政府对后发产业和企业制定的相关政策方面，如知识产权政策、财政税收政策。考虑到当前我国后发企业的赶超实践，本书重点考察财政税收政策对后发企业的影响。

发展中国家和地区的政府为了扶持后发企业发展，往往会采取对这些产业给予财政优惠甚至直接补贴的扶持政策，如新加坡和泰国对创业企业的股权融资（尤其是风险资本融资）、韩国对大财阀的支持及日本的聚焦性官僚干预政策。政府的扶持或补贴政策在美国、德国、日本、韩国等国家的产业和企业的赶超实践中都书写了重要的一笔。学者们将政府对后发企业的积极干预与后发企业赶超之间形成的互惠制度框架称为“发展型国家”模式。

笔者认为，在政府扶持与后发企业追赶方面，古今中外的产业和企业的进步历程已经提供了不止一个成功案例，因此，我们有理由相信，政府的相关财政税收支持对后发企业的赶超战略具有重要的推动作用。

基于此，本书提出如下假设：

假设3a：财政税收政策在开放式创新（整合、获取、授权、免费释放）与后发企业技术赶超能力（后发企业技术吸收能力、后发企业技术创新能力）之间的关系中发挥正向调节作用。

假设3b：财政税收政策在开放式创新（整合、获取、授权、免费释放）与后发企业市场赶超能力（后发企业市场控制能力、后发企业市场获利能力）之间的关系中发挥正向调节作用。

4

研究设计

本书研究属于企业层面的研究，由于研究中所涉及的诸如创新网络内的结构性嵌入特点、关系性嵌入特点及后发企业赶超战略的具体实施情况等方面的数据难以从公开资料中获取，因而采用问卷调研的方式收集数据。下面详细描述样本选择与数据收集、问卷设计与变量测度、数据分析方法等内容。

4.1 样本选择与数据收集

4.1.1 样本选择

为了保证数据的有效性，本书选取的样本企业需要满足以下三个条件：第一，样本企业近期或者目前正在实施赶超战略，这不仅包括那些尚在赶超过程中的企业，而且包括那些已经赶超成功的或者赶超失败的企业；第二，样本企业从事一定的技术创新活动，企业内部设有研发中心或者技术部，而对企业所在行业不做具体规定；第三，样本企业拥有外部创新网络，具有一定数量的创新合作伙伴，对具体的合作形式不做限制。

4.1.2 问卷发放

为提高数据的可靠性和代表性，在问卷发放的过程中对发放对象和发放渠道进行了严格的控制。首先，在发放对象方面，问卷主要面向企业的高层管理人员、战略部主管、研发部主管、财务部主管、市场部主管及这些部门的部分资深员工发放。这是因为，对企业的技术创新活动、创新绩效、创新网络及赶超战略最为熟悉的人员主要为企业的中高层管理人员，尤其是企业高层及战略部门、研发部门、财务部门和市场部门的管理人员。其次，在发放渠道方面，主要通过委托 MBA 学员和众多企业界的亲朋好友及研究人员亲自走访调研等多种方式发放问卷。

本次调研共发放问卷 300 份，回收问卷 237 份，有效问卷 206 份，回收率 79%，有效率 68.7%。总体来说，本次问卷回收率较高，因此，可以忽略本次问卷回收的未答复偏差（Nonresponse Bias）。

4.1.3 样本描述

从回收的 206 份有效问卷看，样本企业主要集中在汽车、食品、通信电子、纺织服装、机械制造、生物医药制造等企业，样本企业在其他行业的分布比较离散。从企业的发展历史看，从新成立的企业到接近 30 年历史的企业，样本企业在不同年龄段均有覆盖。从企业规模来看，主要集中于中小企业，过去两年平均销售收入在 10 亿元以下的样本企业占 78%，这与我国赶超战略中以中小企业为主的经济特点相吻合。

具体的样本情况见表 4-1。

表 4-1　样本基本特征的分布情况统计（N=206）

企业属性	企业类别	样本数	百分比（%）
产业类型	汽车	5	2.4
	食品	32	15.5
	通信电子	28	13.6

续表

企业属性	企业类别	样本数	百分比（%）
产业类型	纺织服装	46	22. 3
	机械制造	39	19
	生物医药	43	20. 8
	其他	13	6. 4
企业年龄	1 年及以下	16	7. 7
	2~3 年	23	11. 2
	4~6 年	52	25. 3
	7~10 年	59	28. 6
	11~15 年	31	15
	16~20 年	22	10. 7
	20 年以上	3	1. 5
员工数量	100 人及以下	19	9. 2
	101~300 人	23	11. 2
	301~500 人	38	18. 5
	501~800 人	32	15. 5
	801~1000 人	39	19
	1000 人以上	55	26. 6
近两年平均销售收入	2000 万元及以下	12	5. 8
	2001 万~5000 万元	39	19
	5001 万~1 亿元	29	14. 1
	1 亿~3 亿元	43	20. 8
	3 亿~6 亿元	21	10. 2
	6 亿~10 亿元	16	7. 8
	10 亿元以上	46	22. 3

4.2 问卷设计

科学合理的问卷设计是保证数据信度和效度的重要前提。依据 Churchill（1979）、Gerbing 和 Anderson（1988）及 Dunn 等（1994）等学者的建议，本书在问卷设计过程中遵循以下流程：

首先，在对现有文献进行详细回顾的基础上，结合企业界的调研访谈形成初始问卷。在对开放式创新网络、结构性嵌入（主要包括结构洞）、关系性嵌入（主要包括弱联系和强联系）、输入型开放式创新、输出型开放式创新、后发企业、技术能力、市场能力等核心内容的相关文献进行回顾和分析的基础上，借鉴现有研究尤其是经典文献的理论构思和已被广泛引用的成熟量表，结合从企业访谈中获得的相关信息，设计概念模型中相关构念的测量题项，形成研究的初始问卷。

其次，与学术界专家讨论，对问卷题项进行修改。在笔者所在学术团队的学术讨论会上，就研究变量的含义、变量之间的逻辑关系及变量的测量题项设计进行讨论和分析，对题项的设置和措辞的使用进行润色修改。在此基础上，征询本研究领域内多位学者的意见和建议，对问卷设计进行进一步修改完善，形成调研问卷的第二稿。

再次，与企业界专家讨论，进一步修改问卷题项。与五位具有良好管理背景的企业高层管理人员进行深入交流，就问卷设计情况向他们征询意见，如变量的含义及其逻辑关系是否符合企业创新和赶超的实际情况，变量的测量题项能否完全覆盖所要测量的构念及企业的相关情况。同时，与企业业务部门如研发部、财务部、市场部的三位管理人员进行交流，对问卷的题项设置和措辞使用进一步修改完善，使问卷的题项尽量不包含专业术语，易于被来自不同业务领域的问卷填写者理解。由此形成调研问卷的第三稿。

最后，通过小样本预测试纯化量表，形成问卷最终稿。邀请30位企业中高层管理人员进行预测试，根据他们的反馈，结合探索性因子分析，删除或者修改内部一致性较差的题项，进一步调整完善调研问卷，在此基础上形成了最终的调研问卷。

研究主要采取 Likert 七分量表进行调研，邀请被试者对相关情况进行主观评价，因此，调研结果的客观性和准确性会出现不同程度的偏差。针对 Fowler（1988）所指出的影响被试者回答准确性的四大主要原因，本书分别采取了以下四条控制措施，以尽量提高问卷填写的准确性：

第一，为了避免问卷填写者因不了解企业的相关信息而造成的调研偏差，研究邀请那些在该企业工作两年以上、对企业的技术创新和赶超战略情况较为熟悉的中高层管理人员来填写问卷。

第二，为了避免问卷填写者因对相关信息无法回忆或者回忆困难而造成的调研偏差，本次调研的问卷题项主要针对企业近三年的情况进行设问，从而尽量避免由于问卷填写者回忆问题答案所引起的偏差。

第三，为了避免因问卷填写者不能准确理解所测问题的含义而造成的调研偏差，本项问卷在设计过程中广泛听取了企业界与学术界相关专家的意见和建议，并对问卷进行了小样本预测试，对问卷的题项设置和措辞使用进行了反复修改和完善，以尽量避免测量题项难以理解或表意含糊不清的情况发生。

第四，为了避免因问卷填写者虽知道某些问题答案却不愿回答而造成的调研偏差，本项问卷在卷首即向填写者表明，本次调研纯属学术研究，调研内容不涉及企业的商业机密，调研信息也不会用于任何商业用途，并承诺对问卷填写者提供的信息予以严格保密。

4.3 变量测度

4.3.1 被解释变量

4.3.1.1 后发企业的技术赶超能力

在技术能力的具体维度划分方面，国内外学者众说纷纭，但基本都突出了技术吸收能力和技术创新能力这两个维度（Westphal，1984；Pack，1986；林子敬，1989；Kim，1997；Costa & Queiroz，2002；Bontis，1998；Burgelman，2003；Gergana，2007；Isobe et al.，2008）。本书以后发企业的赶超实践为基础，并借鉴前人的研究成果，对后发企业技术赶超能力的考察主要从技术吸收能力和技术创新能力两方面进行。

在对后发企业技术赶超能力进行测量时，本书借鉴了 Bontis（1998）和 Gergana（2007）等的研究成果，并结合本书的研究主题开发了调研问卷。

在对技术吸收能力进行测量时，本书设计了两个题项：①与赶超对象相比，贵公司能够快速有效地将外部知识消化为公司内部的知识。②与赶超对象相比，贵公司能够及时地将转化后的技术创新知识整合并加以利用。

在对技术创新能力进行测量时，本书也设计了两个题项：①与赶超对象相比，贵公司独立研究开发新产品的能力有很大提升。②与赶超对象相比，贵公司新产品开发的成功率更高。

4.3.1.2　后发企业的市场赶超能力

Humphrey 和 Schmitz（2000）认为，市场能力主要体现在市场控制能力和市场获利能力两个方面，前者通常用产品能力、渠道能力、品牌影响力、市场占有率等指标反映，后者主要通过销售收入和销售利润率来衡量。

在对后发企业市场赶超能力进行测量时，本书借鉴了 Humphrey 和 Schmitz（2000）的理论及市场营销学领域的一般理论，并结合本书的研究主题开发了调研问卷。

在对市场控制能力进行测量时，本书设计了三个题项：①与赶超对象相比，贵公司具有难以模仿的差异化的主打产品。②与赶超对象相比，贵公司拥有稳定的、覆盖面广泛的营销渠道网络。③与赶超对象相比，贵公司的市场占有率提高了。

在对市场获利能力进行测量时，本书设计了两个题项：①与赶超对象相比，贵公司的销售收入提高很快。②与赶超对象相比，贵公司的销售利润率提高很快。

4.3.2 解释变量

4.3.2.1 结构洞

结构洞反映的是网络内成员之间的连接程度（Burt，1992；Koka & Prescott，2008）。在社会网络的数据分析中，通常采用二分法分析结构洞，即存在联系或不存在联系（Borgatti et al.，2002）。在早期的实证研究中，也有学者用结构洞约束指数（Structural Holes Constraint）（Burt，1997；Obstfeld，2005）和间接约束指数（Indirect Constraint）（Lechner et al.，2010；Reagans & McEvily，2003）来测量结构洞的连接程度。

然而，在近些年的实证研究中，学者们开始用“控制信息流的能力”或者“与同行对比，网络集中的趋势与程度”（Gilsing & Duysters，2008）来测度结构洞。李文博（2009）开发了测量网络成员之间的连接程度的具体题项：①网络内发生知识联系时，更多地经过贵公司。②相比于园区内同行业的其他企业，贵公司网络内流动的知识更加丰富。③相比于园区内同行业的其他企业，贵公司拥有的网络联系更加稳固。

在对后发企业的创新网络结构洞进行测量时，本书借鉴了 Gilsing 和 Duysters（2008）、李文博（2009）等的研究成果，并结合本书的研究主题开发了调研问卷。

在对后发企业的创新网络结构洞进行测量时，本书设计了两个题项：①与赶超对象相比，创新网络内的其他企业之间的技术交流必须经过贵公司。②与赶超对象相比，贵公司在外部创新网络内拥有一定的地位和影响力。

4.3.2.2 强联系

强联系是一种频繁的、亲密的、互惠的联系（Nelson，1989；Hansen，1999；Reagans & McEvily，2003；Lechner et al.，2010）。以往文献常常用联系频率和情感亲密度两个维度来测量联系强度（Hansen，1999；Reagans & McEvily，2003；Lechner et al.，2010）。联系频率（Communication Frequency）是指在一定时间内网络成员联系次数的多寡。情感亲密度（Emotional Closeness）体现的是联系包含的情感强度和亲密度。Hansen（1999）和 Lechner 等（2010）用联系频率和情感亲密度的均值计算联系强度，而 Reagans 和 McEvily（2003）则用联系频率和情感亲密度的乘积计算联系强度。正如 Reagans 和 McEvily（2003）分析，不论是用两者的乘积，还是用两者的均值来计算联系强度，所得的研究结果都十分相似（Reagans & McEvily，2003）。

在以往的研究中，联系频率一般用一个题项测量。例如，Hansen（1999）的测量题项是“过去两年中，贵公司与对方沟通的频率是多少”，而 Reagans 和 McEvily（2003）用的测量题项是“在涉及任何社交或业务讨论方面，平均来说，你们之间互动沟通的频率如何”。问题的答案被细化为每天、每周、每月沟通的次数。同样地，在以往研究中，情感亲密度一般也是用一个题项测量。例如，Hansen（1999）的测量题项是“贵公司与该单位的工作关系的紧密程度如何”，Reagans 和 McEvily（2003）的测量题项是“你们之间关系的密切程度如何”，并将问题的答案细化为特别紧密、紧密、不那么紧密、疏远四个等级。

在对后发企业与外部创新合作伙伴的强联系进行测量时，本书参照了 Hansen（1999）及 Reagans 和 McEvily（2003）的测量方法，并结合本书的研究主题开发了调研问卷。

在对强联系进行测度时，本书设计了两个题项：①与赶超对象相比，贵公司与外部网络合作伙伴联系很频繁。其中，将联系频率的高低依次规定为：1=每三个月一次，2=每两个月一次，3=每月一次，4=每月两次，5 =每星期一次，6=每星期两次，7=每天。②与赶超对象相比，贵公司与外部网络合作伙伴的关系很亲密。

4.3.3 中介变量

4.3.3.1 输入型开放式创新

在对输入型开放式创新进行测量时，Katila 和 Ahuja（2002）倾向于使用被重复引用的专利数（Repetition Count），Laursen 和 Salter（2006）用供应商、客户、科研机构等合作伙伴的数量，而陈钰芬和陈劲（2009）则从技术资源获取、制造能力获取及市场信息资源获取三个方面来测度企业从外部各类创新资源获取创新信息的情况。Dahlander 和 Gann（2010）根据输入型开放式创新过程中是否存在经济交易，进一步将输入型开放式创新划分为整合和获取两个维度。

因此，在对后发企业的输入型开放式创新进行测量时，本书借鉴了 Katila 和 Ahuja（2002）、Laursen 和 Salter（2006）、陈钰芬和陈劲（2009）及 Dahlander 和 Gann（2010）等的研究成果，并结合本书的研究主题开发了调研问卷。

在对后发企业整合型的输入型开放式创新进行测量时，本书设计了两个题项：①贵公司经常从外部市场购买市场信息。②贵公司经常从外部市场接受技术授权。

在对后发企业获取型的输入型开放式创新进行测量时，本书也设计了两个题项：①贵公司能够从外部及时免费地获取市场信息。②贵公司能够从外部及时免费地获取改进技术水平的信息。

4.3.3.2 输出型开放式创新

根据输出型开放式创新过程中是否涉及经济交易，学者们将输出型开放式创新分为授权型和免费释放型，前者是指技术或知识的输出是以经济交易的形式进行的，而后者是指技术或知识的输出是完全免费的，不存在任何经济交易。

Lichtenthaler（2008，2009）等对授权型的输出型开放式创新做了大量的研究工作，并且开发了比较成熟的测度量表，这些量表得到了学术界的广泛认可，并一再被改进引用。与授权型的输出型开放式创新相比，学者们对实体经济中的免费释放型的输出型开放式创新的研究相对较少，相关的可借鉴的量表也较少。然而，学者们普遍认为，知识的外向免费释放与内向的知识获取是一个相对的过程，只是知识传递的方向恰恰相反，而知识获取型的输入型开放式创新的相关研究已经非常成熟，相关的可借鉴的量表也得到了很好的开发和运用（陈钰芬，2008）。此外，Stam（2009）在对社会参与和网络社区参与进行研究的过程中也开发了相关的测度量表。

因此，在对后发企业的输出型开放式创新进行测量时，本书借鉴了 Lichtenthaler（2008，2009）、陈钰芬（2008）和 Stam（2009）等的研究成果，并结合本书的研究主题开发了调研问卷。

在对后发企业授权型的输出型开放式创新进行测量时，本书设计了两个题项：①贵公司经常出售专利或者进行专利授权。②贵公司只出售或对外授权那些非核心技术。

在对后发企业免费释放型的输出型开放式创新进行测量时，本书设计了两个题项：①贵公司经常主动到其他企业进行创新项目的介绍和报告。②贵公司愿意为其他企业或组织的创新工作提供建议和帮助。

4.3.4 调节变量——财政税收政策

在对后发企业赶超过程中的财政税收政策支持进行测量时，本书借鉴了 Johnson（1982）、Woo（1991）和 Hobday（1995）等的研究成果，并结合我国后发企业赶超的实际情况开发了调研问卷。

在对后发企业赶超过程中的财政税收政策支持进行测量时，本书设计了两个题项：①贵公司能够获得很大的税收优惠。②贵公司能够获得很大力度的财政补贴。

4.3.5 控制变量

除了外部创新网络和企业的开放式创新外，还有许多因素影响着后发企业的赶超战略。为了保证研究结果的可靠性和有效性，本书将那些可能对研究变量及其关系产生重要影响的因素作为控制变量处理，主要包括企业规模、企业年龄和企业家精神。

企业规模的大小可能会影响企业获取技术知识、扩散创新成果、构建创新网络及维持伙伴关系的能力。在对企业规模进行测度时，本书根据我国的《大、中、小型工业企业划分标准》和《中小企业划型标准规定》对企业规模进行划分。同时，企业年龄也可能影响企业获取技术知识和扩散创新成果的能力，经营时间较长的企业往往已积累了较多的创新资源与能力，有助于企业获取外部知识和扩散创新成果。因此，本书将企业年龄作为控制变量。此外，企业家精神也是影响企业技术创新活动的重要因素之一，因此，本书将企业家精神作为控制变量。

本书全部变量的测量题项见表 4-2。

表 4-2 变量及测量题项

变量		测量题项	参考依据
技术赶超能力	技术吸收能力	①与赶超对象相比，贵公司能够快速有效地将外部知识消化为公司内部的知识。②与赶超对象相比，贵公司能够及时地将转化后的技术创新知识整合并加以利用	Bontis（2002）、Gergana Todorova（2007）等
	技术创新能力	①与赶超对象相比，贵公司独立研究开发新产品的能力有很大提升。②与赶超对象相比，贵公司新产品开发的成功率更高	
市场赶超能力	市场控制能力	①与赶超对象相比，贵公司具有难以模仿的差异化的主打产品。②与赶超对象相比，贵公司拥有稳定的、覆盖面广泛的营销渠道网络。③与赶超对象相比，贵公司的市场占有率提高了	Humphre 和 Schmitz（2000）
	市场获利能力	①与赶超对象相比，贵公司的销售收入提高更快。②与赶超对象相比，贵公司的销售利润率提高更快	
创新网络	结构洞	①与赶超对象相比，创新网络内的其他企业之间的技术交流必须经过贵公司。②与赶超对象相比，贵公司在外部创新网络内拥有一定的地位和影响力	Tsai（2006）、Gilsing 和 Duysters（2008）、李文博（2008，2009）等
	强联系	①与赶超对象相比，贵公司与外部网络合作伙伴联系更频繁。②与赶超对象相比，贵公司与外部网络合作伙伴的关系更亲密	Hansen（1999）、Reagans 和 McEvily（2003）
开放式创新	整合	①贵公司经常从外部市场购买市场信息。②贵公司经常从外部市场接受技术授权	Katila 和 Ahuja（2002）、Laursen 和 Salter（2006）、陈钰芬和陈劲（2009）及 Dahlander 和 Gann（2010）等
	获取	①贵公司能够从外部及时免费地获取市场信息。②贵公司能够从外部及时免费地获取改进技术水平的信息	

续表

变量		测量题项	参考依据
开放式创新	授权	①贵公司经常出售专利或者进行专利授权。②贵公司只出售或对外授权那些非核心技术	Lichtenthaler（2008，2009）、陈钰芬（2008）、Stam（2009）等
	免费释放	①贵公司经常主动到其他企业进行创新项目的介绍和报告。②贵公司愿意为其他企业或组织的创新工作提供建议和帮助	
政府扶持	财政税收政策	①贵公司能够获得很大的税收优惠。②贵公司能够获得很大力度的财政补贴	Johnson（1982）、Woo（1991）、Hobday（1995）等

5

研究结果

本章报告本书的实证分析结果。为使每部分研究具有相对的独立性和完整性，每节将完整地报告各部分研究的信度和效度分析、描述性统计与相关系数、统计分析结果及简要讨论。

5.1 开放式创新网络与后发企业赶超能力的关系研究

5.1.1 信度与效度

本项研究采用因子分析检验变量测量的信度与效度。因子分析的前提是样本数据的 KMO 值大于 0.7，且 Bartlett 统计值显著异于 0（马庆国，2002）。结构洞、强联系、技术吸收能力、技术创新能力、市场控制能力和市场获利能力六个变量的 KMO 值为 0.819，且 Bartlett 统计值显著异于 0，适合做因子分析。本研究使用主成分分析法依据特征根大于 1 提取因子，采用极大方差法（Varimax）旋转载荷矩阵。因子分析共提取出六个因子——结构洞、强联系、技术吸收能力、技术创新能力、市场控制能力、市场获利能力，累计解释方差 67.8%（见表 5-1）。因子分析结果表明，各题项都落在预设的因子上，并且因子载荷均在 0.7 以上，表示变量测量具有较好的聚合效度与区分效度。表 5-1 也给出了各变量的 Cronbach's α 系数。结构洞的 Cronbach's α 系数略低（α=0.792），但仍在可以接受的范围之内，强联系、技术吸收能力、技术创新能力、市场控制能力和市场获利能力的 Cronbach's α 系数分别为 0.826、0.813、0.836、0.823、0.839，信度较好。上述分析表明，本项研究变量具有较好的效度和信度，适宜进一步做回归分析与假设检验。

表 5-1 因子分析与信度分析结果

题项	因子分析						Cronbach's α
	结构洞	强联系	技术能力		市场能力		
			技术吸收	技术创新	市场控制	市场获利	
技术交流必经贵公司	**0.831**	0.311	0.226	0.236	0.223	0.263	0.792
在创新网络有地位	**0.836**	0.231	0.223	0.215	0.217	0.258	
联系频率高	0.191	**0.856**	0.213	0.182	0.213	0.203	0.826
合作伙伴亲密	0.173	**0.852**	0.226	0.195	0.235	0.163	
消化外部知识	0.203	0.221	**0.869**	0.229	0.189	0.228	0.813
整合并利用外部知识	0.215	0.179	**0.873**	0.238	0.213	0.218	
独立开发新产品	0.203	0.156	0.217	**0.823**	0.198	0.213	0.836
新产品开发成功率高	0.193	0.182	0.231	**0.826**	0.205	0.231	
差异化的主打产品	0.195	0.175	0.192	0.203	**0.831**	0.223	0.823
广泛的渠道网络	0.227	0.238	0.183	0.216	**0.859**	0.216	
市场占有率提高	0.213	0.226	0.196	0.226	**0.863**	0.231	
销售收入提高	0.223	0.213	0.208	0.231	0.235	**0.823**	0.839
销售利润率提高	0.221	0.212	0.226	0.218	0.216	**0.837**	

注：n=206。使用主成分分析法，按特征根大于 1 提取因子，采用极大方差法旋转载荷矩阵。

5.1.2 多重共线性与异方差检验

为了保证多元线性回归做出正确的统计分析，需要检验回归模型是否存在多重共线性、异方差问题。在不存在这些问题的前提下，统计检验才能做出正确的分析和推断（Cohen et al.，2003）。

5.1.2.1 多重共线性检验

多重共线性问题是指两个或多个解释变量高度相关产生的统计问题。存在多重共线性问题时，回归系数仍然是无偏估计（Unbiased Estimate），但多重共线性会降低系数的估计精度，放大系数的标准误差，甚至可能导致系数无法估计（Cohen et al.，2003）。判断多重共线性问题一般用方差膨胀因子（Variance Inflation Factor，VIF）。一般来说，VIF≥10，表示解释变量存在比较严重的多重共线性问题（Cohen et al.，2003）。回归分析结果表明，回归模型每个变量的 VIF 值均介于 2 与 3 之间，表明解释变量不存在多重共线性问题。

5.1.2.2 异方差检验

异方差问题是指被解释变量的方差随解释变量的变化会发生明显的变化趋势。异方差问题可用残差散点图来判断（马庆国，2002）。以标准化预测值为横轴，标准化残差为纵轴，进行残差散点图分析，若散点没有明显的变化趋势，则可认为不存在异方差问题。本项研究中各回归模型的残差散点图没有十分明显的变化趋势，表明不存在异方差问题。

5.1.3 描述性统计与相关系数

变量的描述性统计数据和相关系数矩阵如表 5-2 所示。从表 5-2 中可知，技术吸收能力与结构洞的相关系数为 0.316，技术创新能力与结构洞的相关关系为 0.391，市场控制能力与结构洞的相关关系为 0.275，市场获利能力与结构洞的相关关系为 0.272。可以看出，技术吸收能力、技术创新能力、市场控制能力及市场获利能力与结构洞的相关系数并不显著。同时，技术吸收能力与强联系的相关系数为 0.413，技术创新能力与强联系的相关关系为 0.328，市场控制能力与强联系的相关关系为 0.356，市场获利能力与强联系的相关关系为 0.232。可以看出，技术吸收能力、技术创新能力、市场控制能力及市场获利能力与强联系的相关系数并不显著。由此，笔者大胆推测，如果技术能力、市场能力与结构洞、强联系存在显著关系，那么，这种关系之间大概存在其他的作用机制。

表 5-2　变量的描述性统计和相关系数矩阵

变量	Mean	S. D.	1	2	3	4	5	6	7	8
1. 企业规模	2.53	8.23								
2. 企业年龄	4.67	4.36	0.316							
3. 企业家精神	5.63	2.31	0.237	0.183						
4. 结构洞	2.21	0.83	0.092	0.328	0.175					
5. 强联系	5.23	0.52	0.168	0.385	0.385	0.172				
6. 技术吸收	4.39	0.81	0.253**	0.469	0.476	0.316	0.413			
7. 技术创新	4.26	1.36	0.512*	0.237*	0.631	0.391	0.328	0.659		
8. 市场控制	2.56	3.36	0.612	0.513*	0.439	0.275	0.356	0.439**	0.435	
9. 市场获利	3.23	2.86	0.582**	0.585*	0.556*	0.272**	0.232	0.691	0.513**	0.685

注：** 表示在 1% 水平（双侧）上显著相关；* 表示在 5% 水平（双侧）上显著相关。

5.1.4　层次回归分析

如前文所述，假设 1a1 预期结构洞对后发企业技术赶超能力具有正向的促进作用；假设 1a2 预期结构洞对后发企业市场赶超能力具有正向的促进作用。假设 1b1 预期强联系对后发企业技术赶超能力具有正向的促进作用；假设 1b2 预期强联系对后发企业市场赶超能力具有正向的促进作用。这四个假设的实证分析结果如表 5-3 至表 5-6 所示。

表 5-3　结构洞对技术赶超能力的影响效应

解释变量	被解释变量			
	技术吸收	技术吸收	技术创新	技术创新
	模型 1	模型 2	模型 3	模型 4
企业规模	0.016（0.041）	0.021（0.044）	0.103（0.048）	0.106（0.041）

续表

解释变量	被解释变量			
	技术吸收	技术吸收	技术创新	技术创新
	模型 1	模型 2	模型 3	模型 4
企业年龄	-0.036（0.046）	-0.026（0.043）	0.053（0.043）	0.068（0.045）
企业家精神	0.022（0.043）	0.035（0.045）	0.113（0.045）	0.141（0.044）
结构洞		0.235*（0.041）		0.281*（0.045）
F 值	2.083*	19.605*	2.832*	18.206*
R^2	0.016	0.241	0.013	0.235
ΔR^2		0.225		0.222

注：n=206。由于自变量取值范围差异较大，所有自变量在回归前均做标准化处理，表中系数为非标准化回归系数，括号内是标准误差。*表示 $p<0.05$。

表 5-4 结构洞对市场赶超能力的影响效应

解释变量	被解释变量			
	市场控制	市场控制	市场获利	市场获利
	模型 1	模型 2	模型 3	模型 4
企业规模	0.165（0.043）	0.172（0.044）	0.204（0.045）	0.183（0.043）
企业年龄	0.062（0.044）	0.032（0.043）	0.053（0.043）	0.068（0.045）
企业家精神	0.191（0.041）	0.063（0.047）	0.002（0.041）	0.017（0.044）
结构洞		0.334*（0.045）		0.125*（0.045）
F 值	2.367*	15.305*	2.573*	13.762*
R^2	0.012	0.233	0.008	0.231
ΔR^2		0.221		0.223

注：n=206。由于自变量取值范围差异较大，所有自变量在回归前均做标准化处理，表中系数为非标准化回归系数，括号内是标准误差。*表示 $p<0.05$。

表 5-5　强联系对技术赶超能力的影响效应

解释变量	被解释变量			
	技术吸收	技术吸收	技术创新	技术创新
	模型 1	模型 2	模型 3	模型 4
企业规模	0.016（0.044）	0.018（0.041）	0.103（0.043）	0.106（0.041）
企业年龄	-0.036（0.041）	-0.028（0.043）	0.053（0.044）	0.068（0.045）
企业家精神	0.022（0.043）	0.035（0.044）	0.113（0.041）	0.141（0.043）
强联系		0.319*（0.045）		0.296*（0.044）
F 值	2.083*	17.203	2.832*	17.903
R^2	0.016	0.233	0.013	0.241
ΔR^2		0.217		0.228*

注：n=206。由于自变量取值范围差异较大，所有自变量在回归前均做标准化处理，表中系数为非标准化回归系数，括号内是标准误差。*表示 $p<0.05$。

表 5-6　强联系对市场赶超能力的影响效应

解释变量	被解释变量			
	市场控制	市场控制	市场获利	市场获利
	模型 1	模型 2	模型 3	模型 4
企业规模	0.165（0.046）	0.169（0.041）	0.204（0.044）	0.191（0.043）
企业年龄	0.062（0.041）	0.152（0.044）	0.067（0.041）	0.063（0.046）
企业家精神	0.191（0.044）	0.193（0.046）	0.002（0.043）	0.018（0.044）
强联系		0.229*（0.043）		0.209*（0.043）
F 值	2.367*	13.862	2.573*	13.901*
R^2	0.012	0.232	0.028	0.228
ΔR^2		0.22*		0.2*

注：n=206。由于自变量取值范围差异较大，所有自变量在回归前均做标准化处理，表中系数为非标准化回归系数，括号内是标准误差。*表示 $p<0.05$。

由表 5-3 可知，模型 1、模型 3 分别为基准模型，即技术吸收能力、技术创新能力分别对三个控制变量做回归，模型 2、模型 4 依次加入了解释变量结构洞。由模型 2 得知，结构洞对技术吸收能力具有显著的正向影响（$\beta=0.235$，$p<0.05$）；由模型 4 得知，结构洞对技术创新能力具有显著的正向影响（$\beta=0.281$，$p<0.05$）。由表 5-4 可知，模型 1、模型 3 分别为基准模型，即市场控制能力、市场获利能力分别对三个控制变量做回归，模型 2、模型 4 依次加入了解释变量结构洞。由模型 2 得知，结构洞对市场控制能力具有显著的正向影响（$\beta=0.334$，$p<0.05$）；由模型 4 得知，结构洞对市场获利能力具有显著正向影响（$\beta=0.125$，$p<0.05$）。假设 1a1、假设 1a2 得到支持。

由表 5-5 可知，模型 1、模型 3 分别为基准模型，即技术吸收能力、技术创新能力分别对三个控制变量做回归，模型 2、模型 4 依次加入了解释变量强联系。由模型 2 得知，强联系对技术吸收能力具有显著正向影响（$\beta=0.319$，$p<0.05$）；由模型 4 得知，强联系对技术创新能力具有显著正向影响（$\beta=0.296$，$p<0.05$）。由表 5-6 可知，模型 1、模型 3 分别为基准模型，即市场控制能力、市场获利能力分别对三个控制变量做回归，模型 2、模型 4 依次加入了解释变量强联系。由模型 2 得知，强联系对市场控制能力具有显著正向影响（$\beta=0.229$，$p<0.05$）；由模型 4 得知，强联系对市场获利能力具有显著正向影响（$\beta=0.209$，$p<0.05$）。假设 1b1、假设 1b2 得到支持。

5.1.5 讨论

本节分别以结构洞、强联系作为测量变量检验和分析了开放式创新网络对后发企业技术赶超能力（技术吸收能力、技术创新能力）和后发企业市场赶超能力（市场控制能力、市场获利能力）的影响作用。

在检验结构洞对技术赶超能力的影响效应时，将加入了解释变量结构洞的模型 2、模型 4 分别与模型 1、模型 3 的基准模型做比较（见表 5-3）。我们发现，与模型 1 相比，模型 2 中的 R^2 增加了 22.5%（$p<0.05$），表明结构洞对技术吸收能力具有一定的解释作用；与模型 3 相比，模型 4 中的

R^2增加了22.2%（$p<0.05$），表明结构洞对技术创新能力具有一定的解释作用。

在检验结构洞对市场赶超能力的影响效应时，将加入了解释变量结构洞的模型2、模型4分别与模型1、模型3的基准模型做比较（见表5-4）。我们发现，与模型1相比，模型2中的R^2增加了22.1%（$p<0.05$），表明结构洞对市场控制能力具有一定的解释作用；与模型3相比，模型4中的R^2增加了22.3%（$p<0.05$），表明结构洞对市场获利能力具有一定的解释作用。

在检验强联系对技术赶超能力的影响效应时，我们将模型1、模型3分别作为基准模型，即技术吸收能力、技术创新能力分别对三个控制变量做回归，模型2、模型4依次加入了解释变量强联系（见表5-5）。研究发现，与模型1相比，模型2中的R^2增加了21.7%（$p<0.05$），表明强联系对技术吸收能力具有一定的解释作用；与模型3相比，模型4中的R^2增加了22.8%（$p<0.05$），表明强联系对技术创新能力具有一定的解释作用。

在检验强联系对市场赶超能力的影响效应时，我们将模型1、模型3分别作为基准模型，即市场控制能力、市场获利能力分别对三个控制变量做回归，模型2、模型4依次加入了解释变量强联系（见表5-6）。研究发现，与模型1相比，模型2中的R^2增加了22%（$p<0.05$），表明强联系对市场控制能力具有一定的解释作用；与模型3相比，模型4中的R^2增加了20%（$p<0.05$），表明强联系对市场获利能力具有一定的解释作用。

本节检验和分析了开放式创新网络对后发企业赶超能力的影响效应。研究表明，结构洞和强联系对后发企业技术赶超能力（技术吸收能力、技术创新能力）和后发企业市场赶超能力（市场控制能力、市场获利能力）具有一定的影响作用，但是作用系数并不是很大，这表明，在解释变量与被解释变量的关系之间可能存在着其他作用机制。为了更好地探讨结构洞、强联系作用于后发企业技术赶超能力和市场赶超能力的机制，后续研究将引入中介作用机制和调节作用机制，进一步解释强联系如何影响技术赶超能力和市场赶超能力。

5.2 后发企业赶超模型的中介作用机制

5.2.1 开放式创新在结构洞、强联系与后发企业赶超关系中的中介作用

5.2.1.1 信度与效度

本项研究采用因子分析检验变量测量的信度与效度。因子分析的前提是样本数据的 KMO 值大于 0.7，且 Bartlett 统计值显著异于 0（马庆国，2002）。结构洞、强联系、整合型开放式创新、获取型开放式创新、授权型开放式创新、免费释放型开放式创新、技术吸收能力、技术创新能力、市场控制能力和市场获利能力 10 个变量的 KMO 值为 0.789，且 Bartlett 统计值显著异于 0，适合做因子分析。本研究使用主成分分析法依据特征根大于 1 提取因子，采用极大方差法旋转载荷矩阵。因子分析共提取出 10 个因子——结构洞、强联系、整合型开放式创新、获取型开放式创新、授权型开放式创新、免费释放型开放式创新、技术吸收能力、技术创新能力、市场控制能力和市场获利能力，累计解释方差 65.3%，如表 5-7 所示。因子分析结果表明，各题项都落在预设的因子上，并且因子载荷均在 0.7 以上，表示变量测量具有较好的聚合效度与区分效度。表 5-7 也给出了各变量的 Cronbach's α 系数。结构洞、整合型开放式创新、获取型开放式创新、免费释放型开放式创新的 Cronbach's α 系数略低（分别为 0.793、0.791、0.785、0.786），但仍然在可接受范围之内。强联系、授权型开放式创新、技术吸收能力、技术创新能力、市场控制能力和市场获利能力的 Cronbach's α 系数均在 0.8 以上（分别为 0.812、0.832、0.813、0.836、0.823、0.839），可知数据具有良好的信度。上述分析表明，本项研究的变量具有较好的效度和信度，适宜进一步做回归分析与假设检验。

5.2.1.2 多重共线性与异方差检验

为了保证多元线性回归做出正确的统计分析，需要检验回归模型是否存在多重共线性和异方差问题。在不存在这些问题的前提下，统计检验才能做出正确的分析和推断（Cohen et al.，2003）。

这一环节包括两部分统计检验：①多重共线性检验。本节的回归分析结果表明，回归模型每个变量的 VIF 值均介于 3 与 4 之间，表明解释变量不存在多重共线性问题。②异方差检验。本节的各回归模型的残差散点图没有十分明显的变化趋势，表明不存在异方差问题。

5.2.1.3 描述性统计与相关系数

变量的描述性统计数据和相关系数矩阵如表 5-8 所示。从表 5-8 中可知，强联系与结构洞的相关系数是 0.092，整合型开放式创新与结构洞、强联系的相关系数分别是 0.312、0.269，获取型开放式创新与结构洞、强联系、整合型开放式创新的相关系数分别是 0.301、0.253、-0.093，授权型开放式创新与结构洞、强联系、整合型开放式创新、获取型开放式创新的相关系数分别是 0.259、0.193、-0.102、0.063，免费释放型开放式创新与结构洞、强联系、整合型开放式创新、获取型开放式创新、授权型开放式创新的相关系数分别是 0.213、0.203、-0.087、0.231、-0.082，技术吸收与结构洞、强联系、整合型开放式创新、获取型开放式创新、授权型开放式创新、免费释放型开放式创新的相关系数分别是 0.316、0.413、0.213、0.215、0.316、0.236，技术创新与结构洞、强联系、整合型开放式创新、获取型开放式创新、授权型开放式创新、免费释放型开放式创新、技术吸收的相关系数分别是 0.391、0.328、0.289、0.231、0.416、0.315、0.659，市场控制与结构洞、强联系、整合型开放式创新、获取型开放式创新、授权型开放式创新、免费释放型开放式创新、技术吸收、技术创新的相关系数分别是 0.275、0.356、0.216、0.192、0.389、0.413、0.439、0.435，市场获利与结构洞、强联系、整合型开放式创新、获取型开放式创新、授权型开放式创新、免费释放型开放式创新、技术吸收、技术创新、市场控制的相关系数分别是 0.272、0.232、0.093、0.187、0.437、0.173、0.691、0.513、0.685。

表 5-7 因子分析与信度分析结果

题项	因子载荷										Cronbach's α
	结构洞	强联系	输入型开放式创新		输出型开放式创新		技术赶超能力		市场赶超能力		
			整合型	获取型	出售/授权型	免费释放型	技术吸收	技术创新	市场控制	市场获利	
技术交流必经贵公司	**0.831**	0.239	0.185	0.223	0.193	0.228	0.231	0.203	0.283	0.238	0.793
在创新网络有地位	**0.836**	0.183	0.192	0.193	0.201	0.236	0.229	0.221	0.261	0.291	
联系频率高	0.136	**0.825**	0.173	0.213	0.183	0.229	0.291	0.093	0.201	0.193	0.812
合作伙伴亲密	0.162	**0.861**	0.195	0.241	0.226	0.283	0.226	0.085	0.273	0.185	
购买外部市场信息	0.126	0.228	**0.815**	0.235	−0.069	−0.043	0.091	0.229	0.193	−0.102	0.791
接受外部技术授权	0.135	0.231	**0.823**	0.213	−0.081	−0.058	0.083	0.291	0.209	−0.082	
免费获取外部市场信息	0.213	0.237	0.203	**0.831**	0.039	0.062	0.093	0.226	0.228	0.203	0.785
免费获取外部技术信息	0.205	0.263	0.218	**0.829**	0.082	0.083	0.293	0.219	0.283	0.231	
出售专利或专利授权	0.083	0.183	0.213	0.217	**0.835**	−0.039	0.193	0.291	0.192	0.293	0.832
只出售非核心技术	0.068	0.203	0.228	0.225	**0.768**	−0.051	0.189	0.283	0.183	0.228	
主动介绍创新项目	0.081	0.231	0.196	0.218	0.219	**0.759**	0.223	0.263	0.293	0.226	0.786
提供创新建议和帮助	0.092	0.281	0.216	0.215	0.226	**0.785**	0.219	0.281	0.285	0.105	
消化外部知识	0.083	0.218	0.192	0.231	0.105	0.102	**0.869**	0.276	0.201	0.237	0.813
整合并利用外部知识	0.215	0.203	0.218	0.226	0.163	0.192	**0.873**	0.283	0.213	0.283	

续表

题项	因子载荷										Cronbach's α
	结构洞	强联系	输入型开放式创新		输出型开放式创新		技术赶超能力		市场赶超能力		
			整合型	获取型	出售/授权型	免费释放型	技术吸收	技术创新	市场控制	市场获利	
独立开发新产品	0.183	0.192	0.203	0.235	0.192	0.213	0.209	**0.832**	0.223	0.263	0.836
新产品开发成功率高	0.093	0.185	0.213	0.228	0.283	0.201	0.193	**0.841**	0.238	0.153	
差异化的主打产品	0.102	0.183	0.216	0.225	0.239	0.226	0.173	0.298	**0.831**	0.283	0.823
广泛的渠道网络	0.213	0.292	0.209	0.237	0.225	0.213	0.186	0.198	**0.826**	0.293	
市场占有率提高	0.182	0.201	0.216	0.192	0.236	0.269	0.169	0.201	**0.839**	0.285	
销售收入提高	0.162	0.228	0.219	0.039	0.285	0.259	0.103	0.297	0.281	**0.782**	0.839
销售利润率提高	0.137	0.213	0.201	0.056	0.235	0.261	0.096	0.293	0.293	**0.812**	

注：n=206。使用主成分分析法，按特征根大于1提取因子，采用极大方差法旋转载荷矩阵。

表 5-8 变量的描述性统计和相关系数矩阵

变量	Mean	S. D.	1	2	3	4	5	6	7	8	9	10	11	12
1. 企业规模	2. 53	8. 23												
2. 企业年龄	4. 67	4. 36	0. 316											
3. 企业家精神	5. 63	2. 31	0. 237	0. 183										
4. 结构洞	2. 21	0. 83	0. 092*	0. 328	0. 175									
5. 强联系	5. 23	0. 52	0. 168	0. 385	0. 385	0. 092								
6. 整合（输入型）	4. 86	2. 31	0. 218	0. 091	0. 196	0. 312*	0. 269							
7. 获取（输入型）	4. 12	3. 22	0. 201*	0. 192	0. 227	0. 301	0. 253*	-0. 093						
8. 授权（输出型）	3. 25	1. 6	0. 228	0. 219*	0. 193*	0. 259	0. 193	-0. 102	0. 063					
9. 免费（输出型）	4. 01	2. 68	0. 211	0. 223	0. 263	0. 213*	0. 203	-0. 087	0. 231	-0. 082				
10. 技术吸收	4. 39	0. 81	0. 253**	0. 469*	0. 476	0. 316	0. 413*	0. 213	0. 215*	0. 316	0. 236			
11. 技术创新	4. 26	1. 36	0. 512*	0. 237*	0. 631	0. 391	0. 328	0. 289	0. 231*	0. 416	0. 315	0. 659*		
12. 市场控制	2. 56	3. 36	0. 612	0. 513*	0. 439	0. 275	0. 356	0. 216	0. 192	0. 389*	0. 413	0. 439**	0. 435	
13. 市场获利	3. 23	2. 86	0. 582**	0. 585*	0. 556*	0. 272**	0. 232	0. 093	0. 187	0. 437	0. 173	0. 691	0. 513**	0. 685

注：** 表示在 1% 水平（双侧）上显著相关；* 表示在 5% 水平（双侧）上显著相关。

可以看出，解释变量（结构洞、强联系）和开放式创新（整合型开放式创新、获取型开放式创新、授权型开放式创新、免费释放型开放式创新）存在相关关系，同时，开放式创新（整合型开放式创新、获取型开放式创新、授权型开放式创新、免费释放型开放式创新）与被解释变量（技术吸收能力、技术创新能力、市场控制能力以及市场获利能力）也存在相关关系，而前文已经检验证实解释变量与被解释变量存在相关关系。由此，笔者大胆推测，开放式创新在解释变量与被解释变量关系之间扮演着中介变量的角色。接下来，我们将对这一假设进行检验分析。

5.2.1.4　开放式创新的中介效应检验

在检验变量是否具有中介效应时，我们采用 Baron 和 Kenny（1986）及温忠麟等（2004）所建议的方法来检验分析。具体的检验分析分四个步骤：①检验因变量对自变量的回归系数，如果显著就继续分析，否则就停止分析。②检验中介变量对自变量的回归系数及因变量对中介变量的回归系数，如果两次回归的系数都显著就进行下面的第三步，如果至少有一个不显著，则进行第四步的 Sober 检验。③进行完全中介效应检验，即检验因变量对自变量的回归系数，如果不显著，说明这是完全中介作用；如果显著，则说明是部分中介作用。④进行 Sober 检验，如果显著，说明中介效应显著，否则中介效应不显著。在对中介效应进行检验时，本书依据 Baron 和 Kenny（1986）及温忠麟、张雷和侯杰泰（2004）建议的方法和检验程序，运用层次回归的方法进行检验分析。

如前文所述，假设 2a 预期输入型开放式创新在开放式创新网络与后发企业赶超能力（后发企业技术赶超能力、后发企业市场赶超能力）之间的关系中扮演中介变量角色。假设 2b 预期输出型开放式创新在开放式创新网络与后发企业赶超能力（后发企业技术赶超能力、后发企业市场赶超能力）之间的关系中扮演中介变量角色。这两个假设的实证分析结果如表 5-9 至表 5-16 所示。

表 5-9 整合对解释变量与技术赶超能力关系的中介效应

解释变量	被解释变量							
控制变量	模型 1 （技术吸收）	模型 2 （技术吸收）	模型 3 （整合）	模型 4 （技术吸收）	模型 5 （技术创新）	模型 6 （技术创新）	模型 7 （整合）	模型 8 （技术创新）
企业规模	0. 016 （0. 043）	0. 021 （0. 041）	-0. 082 （0. 044）	0. 018 （0. 045）	0. 103 （0. 048）	0. 106 （0. 044）	-0. 082 （0. 045）	0. 113 （0. 044）
企业年龄	-0. 036 （0. 046）	-0. 026 （0. 039）	-0. 093 （0. 041）	0. 032 （0. 044）	0. 053 （0. 043）	0. 068 （0. 043）	-0. 093 （0. 043）	0. 082 （0. 041）
企业家精神	0. 022 （0. 043）	0. 035 （0. 043）	-0. 081 （0. 043）	0. 026 （0. 046）	0. 113 （0. 045）	0. 141 （0. 039）	-0. 081 （0. 046）	0. 162 （0. 045）
结构洞		0. 212* （0. 044）	0. 105 （0. 039）	0. 208 （0. 041）		0. 281* （0. 041）	0. 105 （0. 041）	0. 235 （0. 043）
强联系		0. 311* （0. 045）	0. 173 （0. 044）	0. 281 （0. 043）		0. 296* （0. 046）	0. 173 （0. 044）	0. 216 （0. 039）
整合 （输入型）				0. 203 （0. 039）				0. 231 （0. 045）
F 值	2. 083	12. 265	13. 562	16. 735	2. 832*	14. 873	13. 562	19. 821
R^2	0. 016	0. 202	0. 203	0. 225	0. 013	0. 228	0. 203	0. 255
ΔR^2		0. 186		0. 023		0. 215		0. 027

注：n=206。由于解释变量取值范围差异较大，所有解释变量在回归前均做标准化处理，表中系数为非标准化回归系数，括号内是标准误差。

* 表示 $p<0.05$。

表 5-10　整合对解释变量与市场赶超能力关系的中介效应

解释变量	被解释变量							
控制变量	模型 1（市场控制）	模型 2（市场控制）	模型 3（整合）	模型 4（市场控制）	模型 5（市场获利）	模型 6（市场获利）	模型 7（整合）	模型 8（市场获利）
企业规模	0.165 (0.043)	0.172 (0.041)	-0.082 (0.044)	0.159 (0.045)	0.204 (0.045)	0.183 (0.041)	-0.082 (0.045)	0.172 (0.036)
企业年龄	0.062 (0.044)	0.032 (0.039)	-0.093 (0.041)	0.073 (0.041)	0.067 (0.043)	0.053 (0.039)	-0.093 (0.043)	0.082 (0.045)
企业家精神	0.191 (0.041)	0.063 (0.045)	-0.081 (0.043)	0.186 (0.036)	0.002 (0.041)	0.017 (0.041)	-0.081 (0.046)	0.103 (0.039)
结构洞		0.314* (0.036)	0.105 (0.039)	0.302 (0.041)		0.105* (0.036)	0.105 (0.041)	0.213 (0.036)
强联系		0.275 (0.045)	0.173 (0.044)	0.251 (0.039)		0.213 (0.045)	0.173 (0.044)	0.235 (0.041)
整合（输入型）				0.182 (0.044)				0.103 (0.043)
F 值	2.367*	13.831	13.562	18.903	2.573*	13.672	13.562	19.931
R^2	0.016	0.223	0.203	0.241	0.012	0.215	0.203	0.236
ΔR^2		0.207		0.018		0.203		0.021

注：n=206。由于解释变量取值范围差异较大，所有解释变量在回归前均做标准化处理，表中系数为非标准化回归系数，括号内是标准误差。

* 表示 $p<0.05$。

表 5-11 获取对解释变量与技术赶超能力关系的中介效应

解释变量	被解释变量							
控制变量	模型 1（技术吸收）	模型 2（技术吸收）	模型 3（获取）	模型 4（技术吸收）	模型 5（技术创新）	模型 6（技术创新）	模型 7（获取）	模型 8（技术创新）
企业规模	0.016 （0.043）	0.021 （0.041）	0.015 （0.041）	0.013 （0.039）	0.103 （0.048）	0.106 （0.044）	0.015 （0.041）	0.102 （0.036）
企业年龄	-0.036 （0.046）	-0.026 （0.039）	0.029 （0.036）	0.026 （0.041）	0.053 （0.043）	0.068 （0.043）	0.029 （0.036）	0.093 （0.039）
企业家精神	0.022 （0.043）	0.035 （0.043）	0.026 （0.043）	0.025 （0.036）	0.113 （0.045）	0.141 （0.039）	0.026 （0.043）	0.165 （0.041）
结构洞		0.212* （0.044）	0.203 （0.039）	0.209 （0.043）		0.281* （0.041）	0.203 （0.039）	0.221 （0.043）
强联系		0.311* （0.045）	0.291 （0.043）	0.295 （0.041）		0.296* （0.046）	0.291 （0.043）	0.193 （0.044）
获取（输入型）				0.231 （0.039）				0.225 （0.041）
F 值	2.083	12.265	15.832	16.373	2.832*	13.873	15.832	19.837
R^2	0.016	0.202	0.212	0.215	0.013	0.208	0.212	0.238
ΔR^2		0.186		0.013		0.195		0.03

注：n=206。由于解释变量取值范围差异较大，所有解释变量在回归前均做标准化处理，表中系数为非标准化回归系数，括号内是标准误差。

* 表示 $p<0.05$。

表 5-12　获取对解释变量与市场赶超能力关系的中介效应

解释变量	被解释变量							
控制变量	模型 1（市场控制）	模型 2（市场控制）	模型 3（获取）	模型 4（市场控制）	模型 5（市场获利）	模型 6（市场获利）	模型 7（获取）	模型 8（市场获利）
企业规模	0. 165 （0. 043）	0. 172 （0. 041）	0. 015 （0. 041）	0. 105 （0. 043）	0. 204 （0. 045）	0. 183 （0. 041）	0. 015 （0. 041）	0. 092 （0. 036）
企业年龄	0. 062 （0. 044）	0. 032 （0. 039）	0. 029 （0. 036）	0. 098 （0. 033）	0. 067 （0. 043）	0. 053 （0. 039）	0. 029 （0. 036）	0. 085 （0. 043）
企业家精神	0. 191 （0. 041）	0. 063 （0. 045）	0. 026 （0. 043）	0. 128 （0. 041）	0. 002 （0. 041）	0. 017 （0. 041）	0. 026 （0. 043）	0. 106 （0. 036）
结构洞		0. 314* （0. 036）	0. 203 （0. 039）	0. 283 （0. 039）		0. 105* （0. 036）	0. 203 （0. 039）	0. 238 （0. 041）
强联系		0. 275 （0. 045）	0. 291 （0. 043）	0. 291 （0. 036）		0. 213 （0. 045）	0. 291 （0. 043）	0. 201 （0. 043）
获取 （输入型）				0. 236 （0. 041）				0. 228 （0. 046）
F 值	2. 367*	13. 831	15. 832	17. 631	2. 573*	13. 672	15. 832	16. 572
R^2	0. 016	0. 203	0. 212	0. 235	0. 012	0. 215	0. 212	0. 236
ΔR^2		0. 187		0. 032		0. 203		0. 021

注：n=206。由于解释变量取值范围差异较大，所有解释变量在回归前均做标准化处理，表中系数为非标准化回归系数，括号内是标准误差。

* 表示 $p<0.05$。

表 5-13　授权对解释变量与技术赶超能力关系的中介效应

解释变量	被解释变量							
控制变量	模型 1（技术吸收）	模型 2（技术吸收）	模型 3（授权）	模型 4（技术吸收）	模型 5（技术创新）	模型 6（技术创新）	模型 7（授权）	模型 8（技术创新）
企业规模	0. 016 （0. 043）	0. 021 （0. 041）	0. 015 （0. 043）	0. 018 （0. 046）	0. 103 （0. 048）	0. 106 （0. 044）	0. 015 （0. 043）	0. 016 （0. 045）
企业年龄	-0. 036 （0. 046）	-0. 026 （0. 039）	0. 083 （0. 036）	0. 072 （0. 043）	0. 053 （0. 043）	0. 068 （0. 043）	0. 083 （0. 036）	0. 078 （0. 043）
企业家精神	0. 022 （0. 043）	0. 035 （0. 043）	0. 062 （0. 041）	0. 032 （0. 044）	0. 113 （0. 045）	0. 141 （0. 039）	0. 062 （0. 041）	0. 055 （0. 041）
结构洞		0. 212* （0. 044）	0. 236 （0. 033）	0. 235 （0. 043）		0. 281* （0. 041）	0. 236 （0. 033）	0. 238 （0. 043）
强联系		0. 311* （0. 045）	0. 285 （0. 043）	0. 281 （0. 041）		0. 296* （0. 046）	0. 285 （0. 043）	0. 273 （0. 044）
授权（输出型）				0. 228 （0. 043）				0. 218 （0. 041）
F 值	2. 083	12. 265	11. 265	15. 302	2. 832*	13. 873	11. 265	18. 963
R^2	0. 016	0. 202	0. 193	0. 228	0. 013	0. 208	0. 193	0. 235
ΔR^2		0. 186		0. 026		0. 195		0. 027

注：n=206。由于解释变量取值范围差异较大，所有解释变量在回归前均做标准化处理，表中系数为非标准化回归系数，括号内是标准误差。
* 表示 $p<0.05$。

表 5-14　授权对解释变量与市场赶超能力关系的中介效应

解释变量	被解释变量							
控制变量	模型 1（市场控制）	模型 2（市场控制）	模型 3（授权）	模型 4（市场控制）	模型 5（市场获利）	模型 6（市场获利）	模型 7（授权）	模型 8（市场获利）
企业规模	0.165（0.043）	0.172（0.041）	0.015（0.043）	0.137（0.041）	0.204（0.045）	0.183（0.041）	0.015（0.043）	0.182（0.041）
企业年龄	0.062（0.044）	0.032（0.039）	0.083（0.036）	0.065（0.043）	0.067（0.043）	0.053（0.039）	0.083（0.036）	0.058（0.036）
企业家精神	0.191（0.041）	0.063（0.045）	0.062（0.041）	0.096（0.044）	0.002（0.041）	0.017（0.041）	0.062（0.041）	0.092（0.043）
结构洞		0.314*（0.036）	0.236（0.033）	0.236（0.036）		0.105*（0.036）	0.236（0.033）	0.228（0.045）
强联系		0.275（0.045）	0.285（0.043）	0.256（0.043）		0.213（0.045）	0.285（0.043）	0.263（0.036）
授权（输出型）				0.251（0.041）				0.313（0.041）
F 值	2.367*	13.831	11.265	18.256	2.573*	13.672	11.265	19.256
R^2	0.016	0.213	0.193	0.233	0.012	0.215	0.193	0.235
ΔR^2		0.187		0.02		0.203		0.02

注：n=206。由于解释变量取值范围差异较大，所有解释变量在回归前均做标准化处理，表中系数为非标准化回归系数，括号内是标准误差。

* 表示 $p<0.05$。

表 5-15 免费释放对解释变量与技术赶超能力关系的中介效应

解释变量	被解释变量							
控制变量	模型 1（技术吸收）	模型 2（技术吸收）	模型 3（免费释放）	模型 4（技术吸收）	模型 5（技术创新）	模型 6（技术创新）	模型 7（免费释放）	模型 8（技术创新）
企业规模	0.016 （0.043）	0.021 （0.041）	0.065 （0.039）	0.081 （0.043）	0.103 （0.048）	0.106 （0.044）	0.065 （0.039）	0.073 （0.039）
企业年龄	-0.036 （0.046）	-0.026 （0.039）	0.082 （0.036）	0.068 （0.039）	0.053 （0.043）	0.068 （0.043）	0.082 （0.036）	0.053 （0.041）
企业家精神	0.022 （0.043）	0.035 （0.043）	0.093 （0.041）	0.093 （0.041）	0.113 （0.045）	0.141 （0.039）	0.093 （0.041）	0.195 （0.043）
结构洞		0.212* （0.044）	0.239 （0.046）	0.213 （0.044）		0.281* （0.041）	0.239 （0.046）	0.228 （0.039）
强联系		0.311* （0.045）	0.291 （0.039）	0.285 （0.039）		0.296* （0.046）	0.291 （0.039）	0.265 （0.045）
免费释放（输出型）				0.196 （0.046）				0.181 （0.039）
F 值	2.083	12.265	14.302	18.273	2.832*	13.873	14.302	17.263
R^2	0.016	0.202	0.219	0.251	0.013	0.208	0.219	0.231
ΔR^2		0.186		0.049		0.195		0.023

注：n=206。由于解释变量取值范围差异较大，所有解释变量在回归前均做标准化处理，表中系数为非标准化回归系数，括号内是标准误差。

* 表示 $p<0.05$。

表 5-16　免费释放对解释变量与市场赶超能力关系的中介效应

解释变量	被解释变量							
控制变量	模型 1（市场控制）	模型 2（市场控制）	模型 3（免费释放）	模型 4（市场控制）	模型 5（市场获利）	模型 6（市场获利）	模型 7（免费释放）	模型 8（市场获利）
企业规模	0. 165（0. 043）	0. 172（0. 041）	0. 065（0. 039）	0. 168（0. 041）	0. 204（0. 045）	0. 183（0. 041）	0. 065（0. 039）	0. 089（0. 045）
企业年龄	0. 062（0. 044）	0. 032（0. 039）	0. 082（0. 036）	0. 162（0. 044）	0. 067（0. 043）	0. 053（0. 039）	0. 082（0. 036）	0. 065（0. 041）
企业家精神	0. 191（0. 041）	0. 063（0. 045）	0. 093（0. 041）	0. 183（0. 039）	0. 002（0. 041）	0. 017（0. 041）	0. 093（0. 041）	0. 125（0. 039）
结构洞		0. 314*（0. 036）	0. 239（0. 046）	0. 231（0. 041）		0. 105*（0. 036）	0. 239（0. 046）	0. 231（0. 041）
强联系		0. 275（0. 045）	0. 291（0. 039）	0. 263（0. 045）		0. 213（0. 045）	0. 291（0. 039）	0. 207（0. 044）
免费释放（输出型）				0. 226（0. 041）				0. 216（0. 039）
F 值	2. 367*	13. 831	14. 302	18. 263	2. 573*	13. 672	14. 302	17. 302
R^2	0. 016	0. 203	0. 219	0. 231	0. 012	0. 205	0. 219	0. 229
ΔR^2		0. 187		0. 028		0. 193		0. 024

注：n=206。由于解释变量取值范围差异较大，所有解释变量在回归前均做标准化处理，表中系数为非标准化回归系数，括号内是标准误差。

* 表示 $p<0.05$。

(1) 整合的中介效应检验。

表5-9检验的是输入型开放式创新（整合）在解释变量与被解释变量（技术赶超能力）关系之间的中介效应。模型1是被解释变量（技术吸收能力）对控制变量的回归。模型2是被解释变量（技术吸收能力）同时对控制变量和自变量（结构洞、强联系）做回归（回归系数显著，$p<0.05$），模型的F值明显增大，因此，与模型1相比，模型2增加解释变量（结构洞、强联系）后，模型拟合度得以优化，R^2也增大，R^2增加了18.6%（$p<0.05$），表明结构洞、强联系对技术吸收能力具有一定的解释作用。模型3是中介变量（整合）对解释变量（结构洞、强联系）做回归（回归系数显著，$p<0.05$）。模型4是被解释变量（技术吸收能力）同时对解释变量和中介变量（整合）做回归（回归系数显著，$p<0.05$），模型的F值明显增大，与模型2相比，R^2也增大，R^2增加了2.3%（$p<0.05$）。也就是说，模型4在模型2的基础上增加中介变量输入型开放式创新（整合）后，对被解释变量（技术吸收能力）的解释能力迅速提升，这也意味着输入型开放式创新（整合）的中介作用显著。在模型4中，被解释变量（技术吸收能力）对解释变量（结构洞、强联系）和中介变量（整合）的回归系数显著（$p<0.05$），也就是说，输入型开放式创新（整合）在解释变量（结构洞、强联系）和被解释变量（技术吸收能力）之间均发挥部分中介作用。

同理，表5-9中的模型5是被解释变量（技术创新能力）对控制变量的回归。模型6是被解释变量（技术创新能力）同时对控制变量和自变量（结构洞、强联系）做回归（回归系数显著，$p<0.05$），模型的F值明显增大，因此，与模型5相比，模型6增加解释变量（结构洞、强联系）后，模型拟合度得以优化，R^2也增大，R^2增加了21.5%（$p<0.05$），表明结构洞、强联系对技术创新能力具有一定的解释作用。模型7是中介变量（整合）对解释变量（结构洞、强联系）做回归（回归系数显著，$p<0.05$）。模型8是被解释变量（技术创新能力）同时对解释变量和中介变量（整合）做回归（回归系数显著，$p<0.05$），模型的F值明显增大，与模型6相比，R^2也增大，R^2增加了2.7%（$p<0.05$）。也就是说，模型8在模型6的基础上增加中介变量输入型开放式创新（整合）后，对被

解释变量（技术创新能力）的解释能力迅速提升，这也意味着输入型开放式创新（整合）的中介作用显著。在模型8中，被解释变量（技术创新能力）对解释变量（结构洞、强联系）和中介变量（整合）的回归系数显著（$p<0.05$），也就是说，输入型开放式创新（整合）在解释变量（结构洞、强联系）和被解释变量（技术创新能力）之间均发挥部分中介作用。

表5-10检验的是输入型开放式创新（整合）在解释变量与被解释变量（市场赶超能力）关系之间的中介效应。模型1是被解释变量（市场控制能力）对控制变量的回归。模型2是被解释变量（市场控制能力）同时对控制变量和自变量（结构洞、强联系）做回归（回归系数显著，$p<0.05$），模型的F值明显增大，因此，与模型1相比，模型2增加解释变量（结构洞、强联系）后，模型拟合度得以优化，R^2也增大，R^2增加了20.7%（$p<0.05$），表明结构洞、强联系对市场控制能力具有一定的解释作用。模型3是中介变量（整合）对解释变量（结构洞、强联系）做回归（回归系数显著，$p<0.05$）。模型4是被解释变量（市场控制能力）同时对解释变量和中介变量（整合）做回归（回归系数显著，$p<0.05$），模型的F值明显增大，与模型2相比，R^2也增大，R^2增加了1.8%（$p<0.05$）。也就是说，模型4在模型2的基础上增加中介变量输入型开放式创新（整合）后，对被解释变量（市场控制能力）的解释能力迅速提升，这也意味着输入型开放式创新（整合）的中介作用显著。在模型4中，被解释变量（市场控制能力）对解释变量（结构洞、强联系）和中介变量（整合）的回归系数显著（$p<0.05$），也就是说，输入型开放式创新（整合）在解释变量（结构洞、强联系）和被解释变量（市场控制能力）之间均发挥部分中介作用。

同理，表5.10中的模型5是被解释变量（市场获利能力）对控制变量的回归。模型6是被解释变量（市场获利能力）同时对控制变量和自变量（结构洞、强联系）做回归（回归系数显著，$p<0.05$），模型的F值明显增大，因此，与模型5相比，模型6增加解释变量（结构洞、强联系）后，模型拟合度得以优化，R^2也增大，R^2增加了20.3%（$p<0.05$），表明结构洞、强联系对市场获利能力具有一定的解释作用。模型7是中介变量

（整合）对解释变量（结构洞、强联系）做回归（回归系数显著，$p<0.05$）。模型 8 是被解释变量（市场获利能力）同时对解释变量和中介变量（整合）做回归（回归系数显著，$p<0.05$），模型的 F 值明显增大，与模型 6 相比，R^2也增大，R^2增加了 2.1%（$p<0.05$）。也就是说，模型 8 在模型 6 的基础上增加中介变量输入型开放式创新（整合）后，对被解释变量（市场获利能力）的解释能力迅速提升，这也意味着输入型开放式创新（整合）的中介作用显著。在模型 8 中，被解释变量（市场获利能力）对解释变量（结构洞、强联系）和中介变量（整合）的回归系数显著（$p<0.05$），也就是说，输入型开放式创新（整合）在解释变量（结构洞、强联系）和被解释变量（市场获利能力）之间均发挥部分中介作用。

（2）获取的中介效应检验。

表 5-11 检验的是输入型开放式创新（获取）在解释变量与被解释变量（技术赶超能力）关系之间的中介效应。模型 1 是被解释变量（技术吸收能力）对控制变量的回归。模型 2 是被解释变量（技术吸收能力）同时对控制变量和自变量（结构洞、强联系）做回归（回归系数显著，$p<0.05$），模型的 F 值明显增大，因此，与模型 1 相比，模型 2 增加解释变量（结构洞、强联系）后，模型拟合度得以优化，R^2也增大，R^2增加了 18.6%（$p<0.05$），表明结构洞、强联系对技术吸收能力具有一定的解释作用。模型 3 是中介变量（获取）对解释变量（结构洞、强联系）做回归（回归系数显著，$p<0.05$）。模型 4 是被解释变量（技术吸收能力）同时对解释变量和中介变量（获取）做回归（回归系数显著，$p<0.05$），模型的 F 值明显增大，与模型 2 相比，R^2也增大，R^2增加了 1.3%（$p<0.05$）。也就是说，模型 4 在模型 2 的基础上增加中介变量输入型开放式创新（获取）后，对被解释变量（技术吸收能力）的解释能力迅速提升，这也意味着输入型开放式创新（获取）的中介作用显著。在模型 4 中，被解释变量（技术吸收能力）对解释变量（结构洞、强联系）和中介变量（获取）的回归系数显著（$p<0.05$），也就是说，输入型开放式创新（获取）在解释变量（结构洞、强联系）和被解释变量（技术吸收能力）之间均发挥部分中介作用。

同理，表5-11中的模型5是被解释变量（技术创新能力）对控制变量的回归。模型6是被解释变量（技术创新能力）同时对控制变量和自变量（结构洞、强联系）做回归（回归系数显著，$p<0.05$），模型的F值明显增大，因此，与模型5相比，模型6增加解释变量（结构洞、强联系）后，模型拟合度得以优化，R^2也增大，R^2增加了19.5%（$p<0.05$），表明结构洞、强联系对技术创新能力具有一定的解释作用。模型7是中介变量（获取）对解释变量（结构洞、强联系）做回归（回归系数显著，$p<0.05$）。模型8是被解释变量（技术创新能力）同时对解释变量和中介变量（获取）做回归（回归系数显著，$p<0.05$），模型的F值明显增大，与模型6相比，R^2也增大，R^2增加了3%（$p<0.05$）。也就是说，模型8在模型6的基础上增加中介变量输入型开放式创新（获取）后，对被解释变量（技术创新能力）的解释能力迅速提升，这也意味着输入型开放式创新（获取）的中介作用显著。在模型8中，被解释变量（技术创新能力）对解释变量（结构洞、强联系）和中介变量（获取）的回归系数显著（$p<0.05$），也就是说，输入型开放式创新（获取）在解释变量（结构洞、强联系）和被解释变量（技术创新能力）之间均发挥部分中介作用。

表5-12检验的是输入型开放式创新（获取）在解释变量与被解释变量（市场赶超能力）关系之间的中介效应。模型1是被解释变量（市场控制能力）对控制变量的回归。模型2是被解释变量（市场控制能力）同时对控制变量和自变量（结构洞、强联系）做回归（回归系数显著，$p<0.05$），模型的F值明显增大，因此，与模型1相比，模型2增加解释变量（结构洞、强联系）后，模型拟合度得以优化，R^2也增大，R^2增加了18.7%（$p<0.05$），表明结构洞、强联系对市场控制能力具有一定的解释作用。模型3是中介变量（获取）对解释变量（结构洞、强联系）做回归（回归系数显著，$p<0.05$）。模型4是被解释变量（市场控制能力）同时对解释变量和中介变量（获取）做回归（回归系数显著，$p<0.05$），模型的F值明显增大，与模型2相比，R^2也增大，R^2增加了3.2%（$p<0.05$）。也就是说，模型4在模型2的基础上增加中介变量输入型开放式创新（获取）后，对被解释变量（市场控制能力）的解释能力迅速提升，这也意味

着输入型开放式创新（获取）的中介作用显著。在模型 4 中，被解释变量（市场控制能力）对解释变量（结构洞、强联系）和中介变量（获取）的回归系数显著（$p<0.05$），也就是说，输入型开放式创新（获取）在解释变量（结构洞、强联系）和被解释变量（市场控制能力）之间均发挥部分中介作用。

同理，表 5-12 中的模型 5 是被解释变量（市场获利能力）对控制变量的回归。模型 6 是被解释变量（市场获利能力）同时对控制变量和自变量（结构洞、强联系）做回归（回归系数显著，$p<0.05$），模型的 F 值明显增大，因此，与模型 5 相比，模型 6 增加解释变量（结构洞、强联系）后，模型拟合度得以优化，R^2也增大，R^2增加了 20.3%（$p<0.05$），表明结构洞、强联系对市场获利能力具有一定的解释作用。模型 7 是中介变量（获取）对解释变量（结构洞、强联系）做回归（回归系数显著，$p<0.05$）。模型 8 是被解释变量（市场获利能力）同时对解释变量和中介变量（获取）做回归（回归系数显著，$p<0.05$），模型的 F 值明显增大，与模型 6 相比，R^2也增大，R^2增加了 2.1%（$p<0.05$）。也就是说，模型 8 在模型 6 的基础上增加中介变量输入型开放式创新（获取）后，对被解释变量（市场获利能力）的解释能力迅速提升，这也意味着输入型开放式创新（获取）的中介作用显著。在模型 8 中，被解释变量（市场获利能力）对解释变量（结构洞、强联系）和中介变量（获取）的回归系数显著（$p<0.05$），也就是说，输入型开放式创新（获取）在解释变量（结构洞、强联系）和被解释变量（市场获利能力）之间均发挥部分中介作用。假设 2a 得到支持。

（3）授权的中介效应检验。

表 5-13 检验的是输出型开放式创新（授权）在解释变量与被解释变量（技术赶超能力）关系之间的中介效应。模型 1 是被解释变量（技术吸收能力）对控制变量的回归。模型 2 是被解释变量（技术吸收能力）同时对控制变量和自变量（结构洞、强联系）做回归（回归系数显著，$p<0.05$），模型的 F 值明显增大，因此，与模型 1 相比，模型 2 增加解释变量（结构洞、强联系）后，模型拟合度得以优化，R^2也增大，R^2增加了 18.6%（$p<0.05$），表明结构洞、强联系对技术吸收能力具有一定的解释

作用。模型3是中介变量（授权）对解释变量（结构洞、强联系）做回归（回归系数显著，$p<0.05$）。模型4是被解释变量（技术吸收能力）同时对解释变量和中介变量（授权）做回归（回归系数显著，$p<0.05$），模型的F值明显增大，与模型2相比，R^2也增大，R^2增加了2.6%（$p<0.05$）。也就是说，模型4在模型2的基础上增加中介变量输出型开放式创新（授权）后，对被解释变量（技术吸收能力）的解释能力迅速提升，这也意味着输出型开放式创新（授权）的中介作用显著。在模型4中，被解释变量（技术吸收能力）对解释变量（结构洞、强联系）和中介变量（授权）的回归系数显著（$p<0.05$），也就是说，输出型开放式创新（授权）在解释变量（结构洞、强联系）和被解释变量（技术吸收能力）之间均发挥部分中介作用。

同理，表5-13中的模型5是被解释变量（技术创新能力）对控制变量的回归。模型6是被解释变量（技术创新能力）同时对控制变量和自变量（结构洞、强联系）做回归（回归系数显著，$p<0.05$），模型的F值明显增大，因此，与模型5相比，模型6增加解释变量（结构洞、强联系）后，模型拟合度得以优化，R^2也增大，R^2增加了19.5%（$p<0.05$），表明结构洞、强联系对技术创新能力具有一定的解释作用。模型7是中介变量（授权）对解释变量（结构洞、强联系）做回归（回归系数显著，$p<0.05$）。模型8是被解释变量（技术创新能力）同时对解释变量和中介变量（授权）做回归（回归系数显著，$p<0.05$），模型的F值明显增大，与模型6相比，R^2也增大，R^2增加了2.7%（$p<0.05$）。也就是说，模型8在模型6的基础上增加中介变量输出型开放式创新（授权）后，对被解释变量（技术创新能力）的解释能力迅速提升，这也意味着输出型开放式创新（授权）的中介作用显著。在模型8中，被解释变量（技术创新能力）对解释变量（结构洞、强联系）和中介变量（授权）的回归系数显著（$p<0.05$），也就是说，输出型开放式创新（授权）在解释变量（结构洞、强联系）和被解释变量（技术创新能力）之间均发挥部分中介作用。

表5-14检验的是输出型开放式创新（授权）在解释变量与被解释变量（市场赶超能力）关系之间的中介效应。模型1是被解释变量（市场控

制能力）对控制变量的回归。模型2是被解释变量（市场控制能力）同时对控制变量和自变量（结构洞、强联系）做回归（回归系数显著，$p<0.05$），模型的F值明显增大，因此，与模型1相比，模型2增加解释变量（结构洞、强联系）后，模型拟合度得以优化，R^2也增大，R^2增加了18.7%（$p<0.05$），表明结构洞、强联系对市场控制能力具有一定的解释作用。模型3是中介变量（授权）对解释变量（结构洞、强联系）做回归（回归系数显著，$p<0.05$）。模型4是被解释变量（市场控制能力）同时对解释变量和中介变量（授权）做回归（回归系数显著，$p<0.05$），模型的F值明显增大，与模型2相比，R^2也增大，R^2增加了2%（$p<0.05$）。也就是说，模型4在模型2的基础上增加中介变量输出型开放式创新（授权）后，对被解释变量（市场控制能力）的解释能力迅速提升，这也意味着输出型开放式创新（授权）的中介作用显著。在模型4中，被解释变量（市场控制能力）对解释变量（结构洞、强联系）和中介变量（授权）的回归系数显著（$p<0.05$），也就是说，输出型开放式创新（授权）在解释变量（结构洞、强联系）和被解释变量（市场控制能力）之间均发挥部分中介作用。

同理，表5-14中的模型5是被解释变量（市场获利能力）对控制变量的回归。模型6是被解释变量（市场获利能力）同时对控制变量和自变量（结构洞、强联系）做回归（回归系数显著，$p<0.05$），模型的F值明显增大，因此，与模型5相比，模型6增加解释变量（结构洞、强联系）后，模型拟合度得以优化，R^2也增大，R^2增加了20.3%（$p<0.05$），表明结构洞、强联系对市场获利能力具有一定的解释作用。模型7是中介变量（授权）对解释变量（结构洞、强联系）做回归（回归系数显著，$p<0.05$）。模型8是被解释变量（市场获利能力）同时对解释变量和中介变量（授权）做回归（回归系数显著，$p<0.05$），模型的F值明显增大，与模型6相比，R^2也增大，R^2增加了2%（$p<0.05$）。也就是说，模型8在模型6的基础上增加中介变量输出型开放式创新（授权）后，对被解释变量（市场获利能力）的解释能力迅速提升，这也意味着输出型开放式创新（授权）的中介作用显著。在模型8中，被解释变量（市场获利能力）对解释变量（结构洞、强联系）和中介变量（授权）的回归系数显著

（$p<0.05$），也就是说，输出型开放式创新（授权）在解释变量（结构洞、强联系）和被解释变量（市场获利能力）之间均发挥部分中介作用。

（4）免费释放的中介效应检验。

表 5-15 检验的是输出型开放式创新（免费释放）在解释变量与被解释变量（技术赶超能力）关系之间的中介效应。模型 1 是被解释变量（技术吸收能力）对控制变量的回归。模型 2 是被解释变量（技术吸收能力）同时对控制变量和自变量（结构洞、强联系）做回归（回归系数显著，$p<0.05$），模型的 F 值明显增大，因此，与模型 1 相比，模型 2 增加解释变量（结构洞、强联系）后，模型拟合度得以优化，R^2 也增大，R^2 增加了 18.6%（$p<0.05$），表明结构洞、强联系对技术吸收能力具有一定的解释作用。模型 3 是中介变量（免费释放）对解释变量（结构洞、强联系）做回归（回归系数显著，$p<0.05$）。模型 4 是被解释变量（技术吸收能力）同时对解释变量和中介变量（免费释放）做回归（回归系数显著，$p<0.05$），模型的 F 值明显增大，与模型 2 相比，R^2 也增大，R^2 增加了 4.9%（$p<0.05$）。也就是说，模型 4 在模型 2 的基础上增加中介变量输出型开放式创新（免费释放）后，对被解释变量（技术吸收能力）的解释能力迅速提升，这也意味着输出型开放式创新（免费释放）的中介作用显著。在模型 4 中，被解释变量（技术吸收能力）对解释变量（结构洞、强联系）和中介变量（免费释放）的回归系数显著（$p<0.05$），也就是说，输出型开放式创新（免费释放）在解释变量（结构洞、强联系）和被解释变量（技术吸收能力）之间均发挥部分中介作用。

同理，表 5-15 中的模型 5 是被解释变量（技术创新能力）对控制变量的回归。模型 6 是被解释变量（技术创新能力）同时对控制变量和自变量（结构洞、强联系）做回归（回归系数显著，$p<0.05$），模型的 F 值明显增大，因此，与模型 5 相比，模型 6 增加解释变量（结构洞、强联系）后，模型拟合度得以优化，R^2 也增大，R^2 增加了 19.5%（$p<0.05$），表明结构洞、强联系对技术创新能力具有一定的解释作用。模型 7 是中介变量（免费释放）对解释变量（结构洞、强联系）做回归（回归系数显著，$p<0.05$）。模型 8 是被解释变量（技术创新能力）同时对解释变量和中介变

量（免费释放）做回归（回归系数显著，$p<0.05$），模型的 F 值明显增大，与模型 6 相比，R^2也增大，R^2增加了 2.3%（$p<0.05$）。也就是说，模型 8 在模型 6 的基础上增加中介变量输出型开放式创新（免费释放）后，对被解释变量（技术创新能力）的解释能力迅速提升，这也意味着输出型开放式创新（免费释放）的中介作用显著。在模型 8 中，被解释变量（技术创新能力）对解释变量（结构洞、强联系）和中介变量（免费释放）的回归系数显著（$p<0.05$），也就是说，输出型开放式创新（免费释放）在解释变量（结构洞、强联系）和被解释变量（技术创新能力）之间均发挥部分中介作用。

表 5-16 检验的是输出型开放式创新（免费释放）在解释变量与被解释变量（市场赶超能力）关系之间的中介效应。模型 1 是被解释变量（市场控制能力）对控制变量的回归。模型 2 是被解释变量（市场控制能力）同时对控制变量和自变量（结构洞、强联系）做回归（回归系数显著，$p<0.05$），模型的 F 值明显增大，因此，与模型 1 相比，模型 2 增加解释变量（结构洞、强联系）后，模型拟合度得以优化，R^2也增大，R^2增加了 18.7%（$p<0.05$），表明结构洞、强联系对市场控制能力具有一定的解释作用。模型 3 是中介变量（免费释放）对解释变量（结构洞、强联系）做回归（回归系数显著，$p<0.05$）。模型 4 是被解释变量（市场控制能力）同时对解释变量和中介变量（免费释放）做回归（回归系数显著，$p<0.05$），模型的 F 值明显增大，与模型 2 相比，R^2也增大，R^2增加了 2.8%（$p<0.05$）。也就是说，模型 4 在模型 2 的基础上增加中介变量输出型开放式创新（免费释放）后，对被解释变量（市场控制能力）的解释能力迅速提升，这也意味着输出型开放式创新（免费释放）的中介作用显著。在模型 4 中，被解释变量（市场控制能力）对解释变量（结构洞、强联系）和中介变量（免费释放）的回归系数显著（$p<0.05$），也就是说，输出型开放式创新（免费释放）在解释变量（结构洞、强联系）和被解释变量（市场控制能力）之间均发挥部分中介作用。

同理，表 5-16 中的模型 5 是被解释变量（市场获利能力）对控制变量的回归。模型 6 是被解释变量（市场获利能力）同时对控制变量和自变量（结构洞、强联系）做回归（回归系数显著，$p<0.05$），模型的 F 值明

显增大，因此，与模型5相比，模型6增加解释变量（结构洞、强联系）后，模型拟合度得以优化，R^2也增大，R^2增加了19.3%（$p<0.05$），表明结构洞、强联系对市场获利能力具有一定的解释作用。模型7是中介变量（免费释放）对解释变量（结构洞、强联系）做回归（回归系数显著，$p<0.05$）。模型8是被解释变量（市场获利能力）同时对解释变量和中介变量（免费释放）做回归（回归系数显著，$p<0.05$），模型的F值明显增大，与模型6相比，R^2也增大，R^2增加了2.4%（$p<0.05$）。也就是说，模型8在模型6的基础上增加中介变量输出型开放式创新（免费释放）后，对被解释变量（市场获利能力）的解释能力迅速提升，这也意味着输出型开放式创新（免费释放）的中介作用显著。在模型8中，被解释变量（市场获利能力）对解释变量（结构洞、强联系）和中介变量（免费释放）的回归系数显著（$p<0.05$），也就是说，输出型开放式创新（免费释放）在解释变量（结构洞、强联系）和被解释变量（市场获利能力）之间均发挥部分中介作用。假设2b得到支持。

5.2.2 强联系在结构洞与开放式创新、后发企业赶超关系中的中介作用

由于本小节检验分析的10个变量（结构洞、强联系、整合型开放式创新、获取型开放式创新、授权型开放式创新、免费释放型开放式创新、技术吸收能力、技术创新能力、市场控制能力和市场获利能力）与5.2.1小节中检验的10个变量一致，因此，本小节对变量的信度与效度检验、多重共线性与异方差检验及描述性统计与相关系数不再赘述，相应的检验分析结果见表5-7和表5-8。下面我们将直接针对强联系的中介效应进行检验。

5.2.2.1 强联系在结构洞与开放式创新关系中的中介效应检验

如前文所述，假设2c预期强联系在结构洞与开放式创新（整合、获取、授权、免费释放）之间的关系中扮演中介变量角色。这个假设的实证分析结果如表5-17和表5-18所示。

表 5-17 强联系对结构洞与输入型开放式创新关系的中介效应

解释变量	被解释变量							
控制变量	模型 1（整合）	模型 2（整合）	模型 3（强联系）	模型 4（整合）	模型 5（获取）	模型 6（获取）	模型 7（强联系）	模型 8（获取）
企业规模	-0.072 (0.043)	-0.062 (0.044)	0.095 (0.036)	-0.082 (0.044)	0.094 (0.045)	0.085 (0.041)	0.095 (0.036)	0.015 (0.041)
企业年龄	-0.083 (0.044)	-0.089 (0.041)	0.052 (0.038)	-0.093 (0.041)	0.067 (0.043)	0.059 (0.036)	0.052 (0.038)	0.029 (0.036)
企业家精神	-0.078 (0.041)	-0.081 (0.043)	0.093 (0.044)	-0.081 (0.043)	0.082 (0.041)	0.096 (0.043)	0.093 (0.044)	0.026 (0.043)
结构洞		0.125 (0.036)	0.059 (0.033)	0.105 (0.039)		0.223 (0.039)	0.059 (0.033)	0.203 (0.039)
强联系				0.173 (0.044)				0.291 (0.043)
F 值	1.467*	9.831	9.538	13.562	1.573*	10.672	9.538	15.832
R^2	0.016	0.183	0.121	0.203	0.012	0.185	0.121	0.212
ΔR^2		0.167		0.02		0.173		0.027

注：n=206。由于解释变量取值范围差异较大，所有解释变量在回归前均做标准化处理，表中系数为非标准化回归系数，括号内是标准误差。

* 表示 $p<0.05$。

表 5-18　强联系对结构洞与输出型开放式创新关系的中介效应

解释变量	被解释变量							
控制变量	模型 1（授权）	模型 2（授权）	模型 3（强联系）	模型 4（授权）	模型 5（免费释放）	模型 6（免费释放）	模型 7（强联系）	模型 8（免费释放）
企业规模	0. 155 （0. 043）	0. 162 （0. 041）	0. 095 （0. 036）	0. 015 （0. 043）	0. 164 （0. 045）	0. 163 （0. 041）	0. 095 （0. 036）	0. 065 （0. 039）
企业年龄	0. 082 （0. 044）	0. 072 （0. 039）	0. 052 （0. 038）	0. 083 （0. 036）	0. 067 （0. 043）	0. 053 （0. 039）	0. 052 （0. 038）	0. 082 （0. 036）
企业家精神	0. 161 （0. 041）	0. 153 （0. 045）	0. 093 （0. 044）	0. 062 （0. 041）	0. 122 （0. 041）	0. 117 （0. 041）	0. 093 （0. 044）	0. 093 （0. 041）
结构洞		0. 114* （0. 036）	0. 059 （0. 033）	0. 236 （0. 033）		0. 105* （0. 036）	0. 059 （0. 033）	0. 239 （0. 046）
强联系				0. 285 （0. 043）				0. 291 （0. 039）
F 值	1. 367*	8. 831	9. 538	11. 265	1. 573*	9. 672	9. 538	14. 302
R^2	0. 016	0. 173	0. 121	0. 193	0. 012	0. 185	0. 121	0. 219
ΔR^2		0. 157		0. 02		0. 173		0. 034

注：n=206。由于解释变量取值范围差异较大，所有解释变量在回归前均做标准化处理，表中系数为非标准化回归系数，括号内是标准误差。
* 表示 $p<0.05$。

表5-17检验的是强联系在结构洞与输入型开放式创新关系之间的中介效应。模型1是输入型开放式（整合）对控制变量的回归。模型2是输入型开放式（整合）同时对控制变量和自变量（结构洞）做回归（回归系数显著，$p<0.05$），模型的F值明显增大，因此，与模型1相比，模型2增加解释变量（结构洞）后，模型拟合度得以优化，R^2也增大，R^2增加了16.7%（$p<0.05$），表明结构洞对输入型开放式（整合）具有一定的解释作用。模型3是中介变量（强联系）对解释变量（结构洞）做回归（回归系数不显著，$p>0.1$）。模型4是输入型开放式（整合）同时对解释变量（结构洞）和中介变量（强联系）做回归（回归系数显著，$p<0.05$），模型的F值明显增大，与模型2相比，R^2也增大，R^2增加了2%（$p<0.05$）。也就是说，模型4在模型2的基础上增加中介变量（强联系）后，对输入型开放式（整合）的解释能力迅速提升。在模型4中，输入型开放式（整合）对解释变量（结构洞）和中介变量（强联系）的回归系数显著（$p<0.05$）。由于模型3中的中介变量（强联系）对解释变量（结构洞）的回归系数不显著，而模型4中的输入型开放式（整合）对中介变量（强联系）的回归系数显著，根据温忠麟等（2004）的建议，需要进行Sober检验。Sober检验（双尾）的统计值为0.091（$p>0.1$），说明Sober检验的效应不显著，因而，强联系在结构洞和输入型开放式（整合）之间的中介效应没有得到支持。

同理，模型5是输入型开放式（获取）对控制变量的回归。模型6是输入型开放式（获取）同时对控制变量和自变量（结构洞）做回归（回归系数显著，$p<0.05$），模型的F值明显增大，因此，与模型5相比，模型6增加解释变量（结构洞）后，模型拟合度得以优化，R^2也增大，R^2增加了17.3%（$p<0.05$），表明结构洞对输入型开放式（获取）具有一定的解释作用。模型7是中介变量（强联系）对解释变量（结构洞）做回归（回归系数不显著，$p>0.1$）。模型8是输入型开放式（获取）同时对解释变量（结构洞）和中介变量（强联系）做回归（回归系数显著，$p<0.05$），模型的F值明显增大，与模型6相比，R^2也增大，R^2增加了2.7%（$p<0.05$）。也就是说，模型8在模型6的基础上增加中介变量（强联系）后，对输入型开放式（获取）的解释能力迅速提升。在模型8中，输入型

开放式（获取）对解释变量（结构洞）和中介变量（强联系）的回归系数显著（$p<0.05$）。由于模型7中的中介变量（强联系）对解释变量（结构洞）的回归系数不显著，而模型8中的输入型开放式（获取）对中介变量（强联系）的回归系数显著，根据温忠麟等（2004）的建议，需要进行Sober检验。Sober检验（双尾）的统计值为0.086（$p>0.1$），说明Sober检验的效应不显著，因而，强联系在结构洞和输入型开放式（获取）之间的中介效应没有得到支持。

表5-18检验的是强联系在结构洞与输出型开放式创新关系之间的中介效应。模型1是输出型开放式（授权）对控制变量的回归。模型2是输出型开放式（授权）同时对控制变量和自变量（结构洞）做回归（回归系数显著，$p<0.05$），模型的F值明显增大，因此，与模型1相比，模型2增加解释变量（结构洞）后，模型拟合度得以优化，R^2也增大，R^2增加了15.7%（$p<0.05$），表明结构洞对输出型开放式（授权）具有一定的解释作用。模型3是中介变量（强联系）对解释变量（结构洞）做回归（回归系数不显著，$p>0.1$）。模型4是输出型开放式（授权）同时对解释变量（结构洞）和中介变量（强联系）做回归（回归系数显著，$p<0.05$），模型的F值明显增大，与模型2相比，R^2也增大，R^2增加了2%（$p<0.05$）。也就是说，模型4在模型2的基础上增加中介变量（强联系）后，对输出型开放式（授权）的解释能力迅速提升。在模型4中，输出型开放式（授权）对解释变量（结构洞）和中介变量（强联系）的回归系数显著（$p<0.05$）。由于模型3中的中介变量（强联系）对解释变量（结构洞）的回归系数不显著，而模型4中的输出型开放式（授权）对中介变量（强联系）的回归系数显著，根据温忠麟等（2004）的建议，需要进行Sober检验。Sober检验（双尾）的统计值为2.291（$p<0.05$），说明Sober检验的效应显著，因而，强联系在结构洞和输出型开放式（授权）之间的中介效应得到支持。

同理，模型5是输出型开放式（免费释放）对控制变量的回归。模型6是输出型开放式（免费释放）同时对控制变量和自变量（结构洞）做回归（回归系数显著，$p<0.05$），模型的F值明显增大，因此，与模型5相比，模型6增加解释变量（结构洞）后，模型拟合度得以优化，R^2也增

大，R^2增加了 17.3%（$p<0.05$），表明结构洞对输出型开放式（免费释放）具有一定的解释作用。模型 7 是中介变量（强联系）对解释变量（结构洞）做回归（回归系数不显著，$p>0.1$）。模型 8 是输出型开放式（免费释放）同时对解释变量（结构洞）和中介变量（强联系）做回归（回归系数显著，$p<0.05$），模型的 F 值明显增大，与模型 6 相比，R^2也增大，R^2增加了 3.4%（$p<0.05$）。也就是说，模型 8 在模型 6 的基础上增加中介变量（强联系）后，对输出型开放式（免费释放）的解释能力迅速提升。在模型 8 中，输出型开放式（免费释放）对解释变量（结构洞）和中介变量（强联系）的回归系数显著（$p<0.05$）。由于模型 7 中的中介变量（强联系）对解释变量（结构洞）的回归系数不显著，而模型 8 中的输出型开放式（免费释放）对中介变量（强联系）的回归系数显著，根据温忠麟等（2004）的建议，需要进行 Sober 检验。Sober 检验（双尾）的统计值为 2.256（$p<0.05$），说明 Sober 检验的效应显著，因而，强联系在结构洞和输出型开放式（免费释放）之间的中介效应得到支持。假设 2c 部分得到支持。

5.2.2.2 强联系在结构洞与后发企业赶超能力关系中的中介效应检验

如前文所述，假设 2d 预期强联系在结构洞与后发企业赶超能力（后发企业技术赶超能力、后发企业市场赶超能力）之间的关系中扮演中介变量角色。这个假设的实证分析结果如表 5-19 和表 5-20 所示。

表 5-19 检验的是强联系在结构洞与后发企业技术赶超能力关系之间的中介效应。模型 1 是技术吸收能力对控制变量的回归。模型 2 是技术吸收能力同时对控制变量和自变量（结构洞）做回归（回归系数显著，$p<0.05$），模型的 F 值明显增大，因此，与模型 1 相比，模型 2 增加解释变量（结构洞）后，模型拟合度得以优化，R^2也增大，R^2增加了 16.7%（$p<0.05$），表明结构洞对技术吸收能力具有一定的解释作用。模型 3 是中介变量（强联系）对解释变量（结构洞）做回归（回归系数不显著，$p>0.1$）。模型 4 是技术吸收能力同时对解释变量（结构洞）和中介变量（强联系）做回归（回归系数显著，$p<0.05$），模型的 F 值明显增大，与模型 2 相比，R^2也增大，R^2增加了 1.9%（$p<0.05$）。也就是说，模型 4 在模型 2 的基础上增加中介变量（强联系）后，对技术吸收能力的解释能力迅速

表 5-19 强联系对结构洞与后发企业技术赶超能力关系的中介效应

解释变量	被解释变量							
控制变量	模型 1（技术吸收）	模型 2（技术吸收）	模型 3（强联系）	模型 4（技术吸收）	模型 5（技术创新）	模型 6（技术创新）	模型 7（强联系）	模型 8（技术创新）
企业规模	0. 016（0. 043）	0. 092（0. 041）	0. 095（0. 036）	0. 021（0. 041）	0. 103（0. 048）	0. 125（0. 043）	0. 095（0. 036）	0. 106（0. 044）
企业年龄	-0. 036（0. 046）	0. 069（0. 043）	0. 052（0. 038）	-0. 026（0. 039）	0. 053（0. 043）	0. 059（0. 036）	0. 052（0. 038）	0. 068（0. 043）
企业家精神	0. 022（0. 043）	0. 131（0. 043）	0. 093（0. 044）	0. 035（0. 043）	0. 113（0. 045）	0. 136（0. 043）	0. 093（0. 044）	0. 141（0. 039）
结构洞		0. 225（0. 036）	0. 059（0. 033）	0. 212*（0. 044）		0. 283（0. 039）	0. 059（0. 033）	0. 281*（0. 041）
强联系				0. 311*（0. 045）				0. 296*（0. 046）
F 值	2. 083	9. 831	9. 538	12. 265	2. 832*	10. 672	9. 538	13. 873
R^2	0. 016	0. 183	0. 121	0. 202	0. 013	0. 185	0. 121	0. 208
ΔR^2		0. 167		0. 019		0. 173		0. 023

注：n=206。由于解释变量取值范围差异较大，所有解释变量在回归前均做标准化处理，表中系数为非标准化回归系数，括号内是标准误差。
* 表示 $p<0.05$。

表 5-20　强联系对结构洞与后发企业市场赶超能力关系的中介效应

解释变量	被解释变量							
控制变量	模型 1（市场控制）	模型 2（市场控制）	模型 3（强联系）	模型 4（市场控制）	模型 5（市场获利）	模型 6（市场获利）	模型 7（强联系）	模型 8（市场获利）
企业规模	0. 165（0. 043）	0. 132（0. 041）	0. 095（0. 036）	0. 172（0. 041）	0. 204（0. 045）	0. 123（0. 041）	0. 095（0. 036）	0. 183（0. 041）
企业年龄	0. 062（0. 044）	0. 072（0. 039）	0. 052（0. 038）	0. 032（0. 039）	0. 067（0. 043）	0. 053（0. 039）	0. 052（0. 038）	0. 053（0. 039）
企业家精神	0. 191（0. 041）	0. 143（0. 045）	0. 093（0. 044）	0. 063（0. 045）	0. 002（0. 041）	0. 127（0. 043）	0. 093（0. 044）	0. 017（0. 041）
结构洞		0. 304*（0. 033）	0. 059（0. 033）	0. 314*（0. 036）		0. 125*（0. 032）	0. 059（0. 033）	0. 105*（0. 036）
强联系				0. 275（0. 045）				0. 213（0. 045）
F 值	2. 367*	8. 831	9. 538	13. 831	2. 573*	9. 672	9. 538	13. 672
R^2	0. 016	0. 173	0. 121	0. 203	0. 012	0. 185	0. 121	0. 215
ΔR^2		0. 157		0. 03		0. 173		0. 03

注：n=206。由于解释变量取值范围差异较大，所有解释变量在回归前均做标准化处理，表中系数为非标准化回归系数，括号内是标准误差。
* 表示 p<0. 05。

提升。在模型4中，技术吸收能力对解释变量（结构洞）和中介变量（强联系）的回归系数显著（$p<0.05$）。由于模型3中的中介变量（强联系）对解释变量（结构洞）的回归系数不显著，而模型4中的技术吸收能力对中介变量（强联系）的回归系数显著，根据温忠麟等（2004）的建议，需要进行Sober检验。Sober检验（双尾）的统计值为0.081（$p>0.1$），说明Sober检验的效应不显著。因而，强联系在结构洞和技术吸收能力之间的中介效应没有得到支持。

同理，模型5是技术创新能力对控制变量的回归。模型6是技术创新能力同时对控制变量和自变量（结构洞）做回归（回归系数显著，$p<0.05$），模型的F值明显增大，因此，与模型5相比，模型6增加解释变量（结构洞）后，模型拟合度得以优化，R^2也增大，R^2增加了17.3%（$p<0.05$），表明结构洞对技术创新能力具有一定的解释作用。模型7是中介变量（强联系）对解释变量（结构洞）做回归（回归系数不显著，$p>0.1$）。模型8是技术创新能力同时对解释变量（结构洞）和中介变量（强联系）做回归（回归系数显著，$p<0.05$），模型的F值明显增大，与模型6相比，R^2也增大，R^2增加了2.3%（$p<0.05$）。也就是说，模型8在模型6的基础上增加中介变量（强联系）后，对技术创新能力的解释能力迅速提升。在模型8中，技术创新能力对解释变量（结构洞）和中介变量（强联系）的回归系数显著（$p<0.05$）。由于模型7中的中介变量（强联系）对解释变量（结构洞）的回归系数不显著，而模型8中的技术创新能力对中介变量（强联系）的回归系数显著，根据温忠麟等（2004）的建议，需要进行Sober检验。Sober检验（双尾）的统计值为0.056（$p>0.1$），说明Sober检验的效应不显著。因而，强联系在结构洞和技术创新能力之间的中介效应没有得到支持。

表5-20检验的是强联系在结构洞与后发企业市场赶超能力关系之间的中介效应。模型1是市场控制能力对控制变量的回归。模型2是市场控制能力同时对控制变量和自变量（结构洞）做回归（回归系数显著，$p<0.05$），模型的F值明显增大，因此，与模型1相比，模型2增加解释变量（结构洞）后，模型拟合度得以优化，R^2也增大，R^2增加了15.7%（$p<0.05$），表明结构洞对市场控制能力具有一定的解释作用。模型3是中介

变量（强联系）对解释变量（结构洞）做回归（回归系数不显著，$p>0.1$）。模型 4 是市场控制能力同时对解释变量（结构洞）和中介变量（强联系）做回归（回归系数显著，$p<0.05$），模型的 F 值明显增大，与模型 2 相比，R^2也增大，R^2增加了 3%（$p<0.05$）。也就是说，模型 4 在模型 2 的基础上增加中介变量（强联系）后，对市场控制能力的解释能力迅速提升。在模型 4 中，市场控制能力对解释变量（结构洞）和中介变量（强联系）的回归系数显著（$p<0.05$）。由于模型 3 中的中介变量（强联系）对解释变量（结构洞）的回归系数不显著，而模型 4 中的市场控制能力对中介变量（强联系）的回归系数显著，根据温忠麟等（2004）的建议，需要进行 Sober 检验。Sober 检验（双尾）的统计值为 2. 381（$p<0.05$），说明 Sober 检验的效应显著。因而，强联系在结构洞和市场控制能力之间的中介效应得到支持。

同理，模型 5 是市场获利能力对控制变量的回归。模型 6 是市场获利能力同时对控制变量和自变量（结构洞）做回归（回归系数显著，$p<0.05$），模型的 F 值明显增大，因此，与模型 5 相比，模型 6 增加解释变量（结构洞）后，模型拟合度得以优化，R^2也增大，R^2增加了 17. 3%（$p<0.05$），表明结构洞对市场获利能力具有一定的解释作用。模型 7 是中介变量（强联系）对解释变量（结构洞）做回归（回归系数不显著，$p>0.1$）。模型 8 是市场获利能力同时对解释变量（结构洞）和中介变量（强联系）做回归（回归系数显著，$p<0.05$），模型的 F 值明显增大，与模型 6 相比，R^2也增大，R^2增加了 3%（$p<0.05$）。也就是说，模型 8 在模型 6 的基础上增加中介变量（强联系）后，对市场获利能力的解释能力迅速提升。在模型 8 中，市场获利能力对解释变量（结构洞）和中介变量（强联系）的回归系数显著（$p<0.05$）。由于模型 7 中的中介变量（强联系）对解释变量（结构洞）的回归系数不显著，而模型 8 中的市场获利能力对中介变量（强联系）的回归系数显著，根据温忠麟等（2004）的建议，需要进行 Sober 检验。Sober 检验（双尾）的统计值为 2. 856（$p<0.05$），说明 Sober 检验的效应显著。因而，强联系在结构洞和市场获利能力之间的中介效应得到支持。假设 2d 部分得到支持。

5.2.3 讨论

本节检验和分析了后发企业赶超模型中的中介作用机制，包括开放式创新在结构洞、强联系与后发企业赶超能力关系中的中介作用及强联系在结构洞与开放式创新、后发企业赶超能力关系中的中介作用两部分。

在开放式创新的中介作用机制方面，本节依次检验了输入型开放式创新（整合、获取）和输出型开放式创新（授权、免费释放）在解释变量创新网络（结构洞、强联系）与被解释变量后发企业赶超能力（技术赶超能力、市场赶超能力）之间关系中的中介作用。实证研究结果表明，开放式创新的各维度（整合、获取、授权、免费释放）在解释变量创新网络（结构洞、强联系）与被解释变量后发企业赶超能力（技术赶超能力、市场赶超能力）之间的关系中均发挥中介作用。这与之前的假设吻合，说明后发企业在创新网络中不仅需要维护和拥有一定数量的结构洞，保持和合作伙伴的友好联系，还要积极参与创新网络中的创新合作，包括输入型的创新资源引进和输出型的创新成果转化。

在强联系的中介作用机制方面，本节依次检验了强联系的两方面中介效应。首先，本节检验了强联系在结构洞与开放式创新（整合、获取、授权、免费释放）之间关系中的中介效应，实证研究结果表明，强联系在结构洞与输出型开放式创新（授权、免费释放）之间的关系中发挥着中介效应，而在结构洞与输入型开放式创新（整合、获取）之间关系中没有中介效应。研究结果意味着后发企业在获取创新资源时，强联系不是必须的，这可能得益于结构洞的“信息优势”和“控制优势”，而在创新成果向外转移时，维持创新网络内合作伙伴之间的强联系却是必要的。其次，本节检验了强联系在结构洞与后发企业赶超能力（技术赶超能力、市场赶超能力）之间关系中的中介效应。实证研究结果表明，强联系在结构洞与后发企业的市场赶超能力（市场控制能力、市场获利能力）之间的关系中发挥着中介效应，而在结构洞与后发企业的技术赶超能力（技术吸收能力、技术创新能力）之间的关系中没有发挥中介效应。这一研究结果表明，后发企业在提升技术赶超能力的过程中，构建和维护有价值的结构洞远比维持伙伴之间的强联系更有意义，而在提升市场赶超能力的过程中，仅仅拥有结构洞是远远不够的，加强合作伙伴之间的强联系也是必须的。

5.3 政府扶持的调节作用机制

5.3.1 信度与效度

本项研究采用因子分析检验变量测量的信度与效度。因子分析的前提是样本数据的 KMO 值大于 0.7，且 Bartlett 统计值显著异于 0（马庆国，2002）。整合型开放式创新、获取型开放式创新、授权型开放式创新、免费释放型开放式创新、技术吸收能力、技术创新能力、市场控制能力、市场获利能力、财政税收政策九个变量的 KMO 值为 0.768，且 Bartlett 统计值显著异于0，适合做因子分析。本研究使用主成分分析法，依据特征根大于 1 提取因子，采用极大方差法旋转载荷矩阵。因子分析结果表明，各题项都落在预设的因子上，并且因子载荷均在 0.7 以上，表示变量测量具有较好的聚合效度与区分效度，同时，各变量的 Cronbach's α 系数表明本项研究的变量具有较好的效度和信度，如表 5-21 所示。

表 5-21 因子分析与信度分析结果

题项	因子分析									信度
	输入型开放式创新		输出型开放式创新		技术赶超能力		市场赶超能力		政府	
	整合	获取	授权	免费释放	技术吸收	技术创新	市场控制	市场获利	财政税收	
购买外部市场信息	**0.815**	0.235	0.069	-0.043	0.091	0.229	0.193	0.102	0.086	0.791
接受外部技术授权	**0.823**	0.213	0.081	-0.058	0.083	0.291	0.209	0.082	0.051	

续表

题项	因子分析									信度
	输入型开放式创新		输出型开放式创新		技术赶超能力		市场赶超能力		政府	
	整合	获取	授权	免费释放	技术吸收	技术创新	市场控制	市场获利	财政税收	
免费获取外部市场信息	0.203	**0.831**	0.039	0.062	0.093	0.226	0.228	0.203	0.069	0.785
免费获取外部技术信息	0.218	**0.829**	0.082	0.083	0.293	0.219	0.283	0.231	0.192	
出售专利或专利授权	0.213	0.217	**0.835**	0.039	0.193	0.291	0.192	0.293	0.051	0.832
只出售非核心技术	0.228	0.225	**0.768**	0.051	0.189	0.283	0.183	0.228	0.103	
主动介绍创新项目	0.196	0.218	0.219	**0.759**	0.223	0.263	0.293	0.226	0.102	0.786
提供创新建议和帮助	0.216	0.215	0.226	**0.785**	0.219	0.281	0.285	0.105	0.106	
消化外部知识	0.192	0.231	0.105	0.102	**0.869**	0.276	0.201	0.237	0.082	0.813
整合并利用外部知识	0.218	0.226	0.163	0.192	**0.873**	0.283	0.213	0.283	0.069	
独立开发新产品	0.203	0.235	0.192	0.213	0.209	**0.832**	0.223	0.263	0.103	0.836
新产品开发成功率高	0.213	0.228	0.283	0.201	0.193	**0.841**	0.238	0.153	0.192	
差异化的主打产品	0.216	0.225	0.239	0.226	0.173	0.298	**0.831**	0.283	0.106	
广泛的渠道网络	0.209	0.237	0.225	0.213	0.186	0.198	**0.826**	0.293	0.051	0.823
市场占有率提高	0.216	0.192	0.236	0.269	0.169	0.201	**0.839**	0.285	0.103	
销售收入提高	0.219	0.039	0.285	0.259	0.103	0.297	0.281	**0.782**	0.039	0.839
销售利润率提高	0.201	0.056	0.235	0.261	0.096	0.293	0.293	**0.812**	0.103	
享有税收优惠	0.261	0.039	0.056	0.039	0.103	0.209	0.039	0.235	**0.793**	0.821
享有财政补贴	0.209	0.103	0.235	0.209	0.219	0.261	0.219	0.219	**0.812**	

注：n=206。使用主成分分析法，按特征根大于1提取因子，采用极大方差法旋转载荷矩阵。

5.3.2 多重共线性与异方差检验

本小节的回归分析结果表明，解释变量不存在多重共线性问题。同时，本小节的各回归模型的残差散点图没有十分明显的变化趋势，表明不存在异方差问题。

5.3.3 描述性统计与相关系数

变量的描述性统计数据和相关系数矩阵如表 5-22 所示。从表 5-22 中可知，财政税收政策与整合型开放式创新、获取型开放式创新、授权型开放式创新、免费释放型开放式创新、技术吸收、技术创新、市场控制、市场获利的相关系数分别是 0.203、0.075、0.396、0.265、0.483、0.539、0.359、0.493。可以看出，财政税收政策和开放式创新（整合型的开放式创新、获取型的开放式创新、授权型的开放式创新、免费释放型的开放式创新）存在相关关系，同时，财政税收政策也与被解释变量（技术吸收能力、技术创新能力、市场控制能力以及市场获利能力）存在相关关系。由此，笔者大胆推测，财政税收政策会影响后发企业的赶超过程。接下来，我们将对这一系列假设进行检验分析。

5.3.4 后发企业赶超模型中政府扶持的调节效应检验

假设 3a 预期财政税收政策在开放式创新（整合、获取、授权、免费释放）与后发企业技术赶超能力（后发企业技术吸收能力、后发企业技术创新能力）之间的关系中发挥正向调节作用。假设 3b 预期财政税收政策在开放式创新（整合、获取、授权、免费释放）与后发企业市场赶超能力（后发企业市场控制能力、后发企业市场获利能力）之间的关系中发挥正向调节作用。这两个假设的实证分析结果如表 5-23 所示。

表 5-23 检验的是财政税收政策在开放式创新（整合、获取、授权、免费释放）与被解释变量（后发企业技术赶超能力、后发企业市场赶超能力）关系之间的调节效应。

模型 1、模型 3、模型 5、模型 7 分别是基准模型，即被解释变量（后发企业技术赶超能力、后发企业市场赶超能力）分别对控制变量和解释变量做回归。模型 2、模型 4、模型 6、模型 8 是调节效应模型，即被解释变量

表 5-22　变量的描述性统计和相关系数矩阵

变量	Mean	S. D.	1	2	3	4	5	6	7	8	9	10	11	12
1. 企业规模	2.53	8.23												
2. 企业年龄	4.67	4.36	0.316											
3. 企业家精神	5.63	2.31	0.237	0.183										
4. 整合	4.86	2.31	0.218	0.091	0.196									
5. 获取	4.12	3.22	0.201*	0.192	0.227	-0.093								
6. 授权	3.25	1.6	0.228	0.219*	0.193*	-0.102	0.063							
7. 免费释放	4.01	2.68	0.211	0.223	0.263	-0.087	0.231	-0.082						
8. 技术吸收	4.39	0.81	0.253**	0.469*	0.476	0.213	0.215*	0.316	0.236					
9. 技术创新	4.26	1.36	0.512*	0.237*	0.631	0.289	0.231*	0.416	0.315	0.659*				
10. 市场控制	2.56	3.36	0.612	0.513*	0.439	0.216	0.192	0.389*	0.413	0.439**	0.435			
11. 市场获利	3.23	2.86	0.582**	0.585*	0.556*	0.093	0.187	0.437	0.173	0.691	0.513**	0.685		
12. 财政税收	2.85	2.85	0.625	0.521	0.092	0.203	0.075	0.396	0.265	0.483	0.539	0.359	0.493	

注：** 表示在 1% 水平（双侧）上显著相关；* 表示在 5% 水平（双侧）上显著相关。

表 5-23 财政税收政策的调节效应检验

解释变量	被解释变量							
	技术吸收能力		技术创新能力		市场控制能力		市场获利能力	
	模型 1	模型 2	模型 3	模型 4	模型 5	模型 6	模型 7	模型 8
控制变量								
企业规模	0.013 (0.043)	0.012 (0.041)	0.093 (0.048)	0.083 (0.038)	0.135 (0.043)	0.131 (0.041)	0.194 (0.045)	0.183 (0.044)
企业年龄	-0.032 (0.046)	-0.031 (0.043)	0.043 (0.043)	0.041 (0.041)	0.052 (0.044)	0.049 (0.043)	0.053 (0.043)	0.056 (0.043)
企业家精神	0.021 (0.043)	0.022 (0.044)	0.103 (0.045)	0.073 (0.043)	0.171 (0.041)	0.161 (0.039)	0.092 (0.041)	0.122 (0.043)
直接效应								
整合	0.182 (0.044)	0.180 (0.041)	0.289 (0.041)	0.253 (0.043)	0.218 (0.041)	0.211 (0.044)	0.126 (0.043)	0.112 (0.041)
获取	0.189 (0.034)	0.185* (0.032)	0.178 (0.039)	0.181 (0.035)	0.191 (0.039)	0.186 (0.036)	0.131 (0.032)	0.111 (0.031)
授权	0.191 (0.041)	0.189 (0.041)	0.262 (0.031)	0.243 (0.033)	0.243** (0.035)	0.215 (0.036)	0.267 (0.036)	0.233 (0.035)

续表

解释变量	被解释变量							
	技术吸收能力		技术创新能力		市场控制能力		市场获利能力	
	模型 1	模型 2	模型 3	模型 4	模型 5	模型 6	模型 7	模型 8
直接效应								
免费释放	0.182 (0.036)	0.178 (0.033)	0.219 (0.036)	0.193 (0.039)	0.213 (0.033)	0.201 (0.033)	0.215 (0.035)	0.193 (0.033)
财政税收政策	0.176 (0.033)	0.165 (0.032)	0.263* (0.034)	0.255 (0.032)	0.323 (0.034)	0.312** (0.031)	0.186 (0.031)	0.163 (0.039)
调节效应								
财政税收政策×整合		0.223* (0.031)		0.285 (0.041)		0.226 (0.043)		0.125 (0.044)
财政税收政策×获取		0.216 (0.033)		0.231** (0.034)		0.123 (0.036)		0.183 (0.032)
财政税收政策×授权		0.213 (0.034)		0.335 (0.036)		0.332** (0.034)		0.421 (0.035)
财政税收政策×免费释放		0.188 (0.039)		0.261 (0.033)		0.281* (0.031)		0.273 (0.033)

续表

解释变量	被解释变量							
	技术吸收能力		技术创新能力		市场控制能力		市场获利能力	
	模型 1	模型 2	模型 3	模型 4	模型 5	模型 6	模型 7	模型 8
F 值	12.438	13.956	12.366	13.866	12.525	13.968	12.413	13.735
R^2	0.221	0.243	0.215	0.232	0.223	0.246	0.219	0.236
ΔR^2		0.022		0.017		0.023		0.017

注：n=206。由于自变量取值范围差异较大，所有自变量在回归前均做标准化处理，表中系数为非标准化回归系数，括号内是标准误差。** 表示 $p<0.01$，* 表示 $p<0.05$。

（后发企业技术赶超能力、后发企业市场赶超能力）分别对控制变量、解释变量、解释变量与调节变量的交互项做回归。

与模型 1 相比，模型 2 增加解释变量与调节变量的交互项（财政税收政策×整合、财政税收政策×获取、财政税收政策×授权、财政税收政策×免费释放）后，模型拟合度得以优化，R^2 也增大，R^2 增加了 2.2%（$p<0.05$），因此，财政税收政策与开放式创新的交互项对技术吸收能力具有一定的解释作用，同时，调节变量与解释变量的交互项各项系数均为正。

与模型 3 相比，模型 4 增加解释变量与调节变量的交互项（财政税收政策×整合、财政税收政策×获取、财政税收政策×授权、财政税收政策×免费释放）后，模型拟合度得以优化，R^2 也增大，R^2 增加了 1.7%（$p<0.05$），因此，财政税收政策与开放式创新的交互项对技术创新能力具有一定的解释作用，同时，调节变量与解释变量的交互项各项系数均为正。

与模型 5 相比，模型 6 增加解释变量与调节变量的交互项（财政税收政策×整合、财政税收政策×获取、财政税收政策×授权、财政税收政策×免费释放）后，模型拟合度得以优化，R^2 也增大，R^2 增加了 2.3%（$p<0.05$），因此，财政税收政策与开放式创新的交互项对市场控制能力具有一定的解释作用，同时，调节变量与解释变量的交互项各项系数均为正。

与模型 7 相比，模型 8 增加解释变量与调节变量的交互项（财政税收政策×整合、财政税收政策×获取、财政税收政策×授权、财政税收政策×免费释放）后，模型拟合度得以优化，R^2 也增大，R^2 增加了 1.7%（$p<0.05$），因此，财政税收政策与开放式创新的交互项对市场获利能力具有一定的解释作用，同时，调节变量与解释变量的交互项各项系数均为正。假设 3a、假设 3b 得到支持。

5.3.5 讨论

本节以财政税收政策作为测量变量检验和分析了后发企业赶超模型中的调节作用机制，即财政税收政策在开放式创新与后发企业赶超能力关系之间的调节效应。实证结果表明，财政税收政策在开放式创新与后发企业赶超能力的关系之间发挥正向调节效应。

本书的全部假设及实证检验结果如表 5-24 所示。

表 5-24 假设与实证结果一览

研究问题	假设	实证结果
直接效应： 开放式创新网络与后发企业赶超能力的关系研究	假设 1a1：结构洞对后发企业技术赶超能力（后发企业技术吸收能力、后发企业技术创新能力）具有正向的促进作用 假设 1a2：结构洞对后发企业市场赶超能力（后发企业市场控制能力、后发企业市场获利能力）具有正向的促进作用 假设 1b1：强联系对后发企业技术赶超能力（后发企业技术吸收能力、后发企业技术创新能力）具有正向的促进作用 假设 1b2：强联系对后发企业市场赶超能力（后发企业市场控制能力、后发企业市场获利能力）具有正向的促进作用	假设 1a1、假设 1a2 得到支持 假设 1b1、假设 1b2 得到支持
中介效应： 后发企业赶超模型的中介作用机制（开放式创新、强联系的中介效应）	假设 2a：输入型开放式创新在开放式创新网络与后发企业赶超能力（后发企业技术赶超能力、后发企业市场赶超能力）之间的关系中扮演中介变量角色 假设 2b：输出型开放式创新在开放式创新网络与后发企业赶超能力（后发企业技术赶超能力、后发企业市场赶超能力）之间的关系中扮演中介变量角色 假设 2c：强联系在结构洞与开放式创新（整合、获取、授权、免费释放）之间的关系中扮演中介变量角色 假设 2d：强联系在结构洞与后发企业赶超能力（后发企业技术赶超能力、后发企业市场赶超能力）之间的关系中扮演中介变量角色	假设 2a、假设 2b 得到支持 假设 2c、假设 2d 部分得到支持

续表

研究问题	假设	实证结果
调节效应： 政府扶持的调节作用机制（以财政税收政策作为变量）	假设3a：财政税收政策在开放式创新（整合、获取、授权、免费释放）与后发企业技术赶超能力（后发企业技术吸收能力、后发企业技术创新能力）之间的关系中发挥正向调节作用 假设3b：财政税收政策在开放式创新（整合、获取、授权、免费释放）与后发企业市场赶超能力（后发企业市场控制能力、后发企业市场获利能力）之间的关系中发挥正向调节作用	假设3a、假设3b得到支持

6

结　论

本书通过分析后发企业赶超战略的实施背景、影响因素和影响机制，从创新网络和开放式创新的视角出发，构建后发企业的赶超模型，并运用实证检验的方法研究和分析了开放式创新网络与后发企业赶超能力的关系及其内在作用机制。本书的发现将有助于后发企业更好地设计和实施赶超战略。

6.1　理论贡献

本书在回顾相关文献的基础上，深入分析了开放式创新网络是否影响后发企业的技术赶超能力和市场赶超能力，开放式创新网络如何作用于后发企业的技术赶超能力和市场赶超能力；重点探讨了开放式创新在结构洞、强联系与后发企业技术赶超能力、市场赶超能力的关系之间所发挥的中介作用，以及政府扶持在后发企业赶超过程中的调节效应。具体来说，本书具有以下三个方面的理论贡献：

第一，本书从结构洞、强联系的视角出发，分析了开放式创新网络与后发企业技术赶超能力、市场赶超能力的关系，研究发现，开放式创新网络的结构洞及后发企业与创新合作伙伴之间的强联系对后发企业的技术赶超能力和市场赶超能力的提升具有重要的促进作用。

以往研究对结构洞与企业绩效之间关系的判断存在两种截然不同的观点：一部分学者认为结构洞能够为企业带来竞争优势，即“结构洞优势论”，而另一部分学者则认为结构洞不利于企业的创新绩效，即“结构洞悖论”。本书预期并实证检验了结构洞与后发企业赶超能力的正相关关系。实证结果表明，结构洞对后发企业的技术赶超能力和市场赶超能力具有促进作用。这表明，后发企业可以通过构建和维护创新网络的结构洞来提升自身的赶超能力。

创新网络的结构洞是指创新网络中的“洞隙”，这些“洞隙”的存在导致创新网络中的部分成员之间不能直接建立联结或者某些成员之间的关系出现中断。因此，具有桥连接作用的结构洞占据者将会拥有获得技术创新所需的知识源及创新成果扩散渠道的优势。结构洞作为一种静态的社会资本，能够使后发企业在开展创新合作方面享有信息优势和控制优势。一方面，后发企业在创新网络中拥有的“结构洞”越多，越容易及时获得创新信息，捕捉更多的技术机会，同时，横跨不同创新网络“结构洞”的后发企业可以扮演网络中信息交换的“中介”角色，获得和产生更多的新创意、新想法和新知识；另一方面，处于创新网络节点的后发企业可以控制其他互不相连的两家企业之间的信息流动，迫使它们让步或者竞争（Burt，1997；Kim et al.，2006）。

结构洞的存在表明创新网络内部成员之间存在着非冗余联系（Burt，2004），结构洞是信息流动的缺口，结构洞的联结方式使后发企业排除了冗余信息，减少了因冗余信息带来的不必要的资源浪费，因此，后发企业可以通过占据结构洞，获取更多非冗余性的技术知识和多样化的创新资源，提升自身的技术吸收能力和技术创新能力。同时，结构洞赋予了企业快速获取新信息的能力，使后发企业能够及时接触各类市场信息，敏锐感知潜在的机会和风险，提升市场控制能力和市场获利能力，从而更快、更好地实现赶超战略。因此，创新网络的结构洞对后发企业的赶超战略具有重要的促进作用。

同时，创新网络内部的联系强度，即弱联系与强联系及其与企业绩效之间的关系一直也是学者们关注的重要话题。在以往有关联系强度与企业技术创新关系的相关研究中，学术界一直存在着两种截然不同的观点，即

“强联系与弱联系之争”（Suarez，2005）。一种观点认为，弱联系在企业的技术创新中具有促进作用（Granovetter，1973）。另一些学者（Kraatz，1998；Nelson，1989；Suarez，2005；McEvily & Marcus，2005；Uzzi，1997）却认为强联系对企业的技术创新具有促进作用。本书预期并实证检验了强联系与后发企业赶超能力的正相关关系。实证结果表明，强联系对后发企业的技术赶超能力和市场赶超能力具有促进作用。这表明，后发企业可以通过保持和维护与创新网络其他成员之间的强联系来提升自身的赶超能力。

强联系意味着后发企业与创新网络的合作伙伴之间保持着较高的互动频率、较高的情感亲密度及较高互惠程度的联系。强联系作为一种频繁的、亲密的、互惠的联系状态，具有促进创新知识转移和治理合作伙伴关系两方面积极效应。一方面，强联系为组织间的知识转移创造良好的氛围和环境，有利于后发企业获取技术知识，尤其是创新网络内的隐性知识，从而促进技术信息的良好流动，尤其是复杂与缄默知识在组织间的有效转移；另一方面，强联系有利于形成网络成员之间的信任和互惠关系（Coleman，1988；Uzzi，1997），有效地抑制合作伙伴的机会主义行为（Dyer & Singly，1998），减少发生冲突的可能（Nelson，1989），形成共同解决问题的意愿和机制，因而有利于形成创新网络内合作伙伴关系的治理机制。

因此，后发企业与创新网络其他成员间的联结关系越紧密，信息交换越频繁，越有利于后发企业从创新网络中获取技术或市场方面的知识和资源，同时也越有利于形成创新网络成员之间的信任合作氛围，从而推动技术创新活动的顺利进行和创新成果商业化的成功实现，为后发企业赶超能力的提升奠定基础。

第二，本书引入了开放式创新和强联系这两方面中介作用机制，深入分析了结构洞、强联系如何影响后发企业的技术赶超能力和市场赶超能力，以及结构洞与开放式创新、后发企业的赶超能力的“关系黑箱”内部的作用机制。研究发现，结构洞和强联系分别通过开放式创新（整合、获取、授权、免费释放）作用于后发企业的技术能力（技术吸收能力、技术创新能力）和市场能力（市场控制能力、市场获利能力）；结构洞通过强联系作用于输出型开放式创新（授权、免费释放），而在结构洞与输入型开放式创新（整合、获取）的关系之间，强联系的中介效应不显著；结构洞通过强联系作用于后发企业的市场赶超能力（市场控制能力、市场获利能力），而在结构洞与后发企业技术赶超能力（技术吸收能力、技术创新能力）的关系之间，强联系的中介效应不显著。

以往的相关研究深入挖掘了创新网络对企业技术创新的影响作用，不少学者也针对结构洞、联系强度与企业技术创新绩效的关系进行了研究，然而，这些研究大多还停留在外部创新网络与企业技术创新的关系方面，而对两者关系之间的具体作用机制甚少关注，两者或者正相关或者负相关或者曲线相关等各种关系的内部影响机制是一个神秘的“黑匣子”。事实上，虽然组织外部的创新网络在企业创新过程中扮演着越来越重要的角色，但是，组织外部的创新网络并不是企业内部创新能力的简单替代品（Powell et al.，1996）。创新能力很强的企业往往既注重组织外部创新网络的构建，也注重内部研发能力的提升。内部的创新能力与外部的创新合作并不是简单的相互替代，而是互为补充的（Arora & Gambardella，1994；Mowery & Rosenberg，1989）。强调内外部创新资源平衡利用的开放式创新是创新网络背景下后发企业赶超过程中可以尝试的创新模式。在创新网络中，企业的创新活动不仅依赖于自身的研发工作，还可以通过与其他组织进行合作创新的形式，将外部创新资源引入企业内部并加以利用。本书预期开放式创新在结构洞、强联系与后发企业赶超能力的关系之间扮演中介变量角色。这方面的假设全部得到了实证检验的支持。

开放式创新分为输入型开放式创新和输出型开放式创新。输入型开放式创新是指企业充分整合和利用外部那些有价值的创意、知识和技术，来开展企业的创新活动。输入型开放式创新主要包括整合和获取两种类型，前者是指通过从外部市场购买技术知识、市场信息或者接受相关的技术授权等方式获得技术创新资源的一种开放式创新模式，后者是指企业从外部创新源免费获得相关的技术信息和知识。输出型开放式创新是指企业将自身有价值的创意、知识和技术输出到组织外部，创新成果的商业化过程由其他组织完成（Chesbrough & Crowther，2006）。输出型开放式创新主要包括授权和免费释放两种类型，前者是指企业通过将自身的研发成果出售或者授权给其他组织的方法，来实现新创技术和创意的商业化过程，后者是指企业将内部的技术知识、创新信息和资源无偿输出到外部环境中，而不追求任何直接的经济回报。输入型开放式创新具有获取外部创新资源的优势，输出型开放式创新具有实现创新成果商业化的优势，结构洞、强联系对后发企业技术能力和市场能力的提升有赖于输入型开放式创新和输出型开放式创新中介作用的发挥。

开放式创新使创新网络内部的各成员摆脱了传统意义上的企业边界的束缚，实现了创新资源的完全“无边界化”流动，即技术知识和创新信息的跨边界无障碍流动，因而有利于后发企业获取外部资源和信息。开放式创新可以为后发企业带来技术创新中最重要的资源，即技术资源和商业化资源。

一方面，拥有创新网络结构洞的后发企业可以充分利用自身的“信息优势”，通过开展输入型开放式创新（整合、获取），从外部环境中获取技术创新所需的技术资源、市场信息、资本支持等关键资源甚至稀缺资源，弥补后发企业技术资源和市场能力的先天不足，降低技术开发和市场竞争的不确定性，夯实后发企业的创新基础，提升后发企业的技术能力和市场能力，推动企业加速创新，并且顺利打开新市场，从而实现技术吸收能力、技术创新能力、市场控制能力、市场获利能力的全方位赶超。

另一方面，拥有创新网络结构洞的后发企业可以充分利用自身的“控制优势”，通过实施输出型开放式创新（授权、免费释放），建立和巩固与创新网络其他成员之间的强联系，不仅可以将自身无法完成的商业化技术项目转让给外部合作伙伴进行创新成果的商业化，而且可以促进内部冗余的创新成果快速实现商业化。一部分学者认为，创新网络的结构洞不利于合作伙伴间保持密集的联系，因而可能滋生网络成员的机会主义行为，而技术创新成果的对外授权或者免费释放可以弥补结构洞的这一劣势，使后发企业保持与外界其他组织的频繁互动，增进创新网络成员之间的信任和合作意愿，有利于后发企业获得更多的主导或参与制定产业标准的机会，从而提升后发企业在产业技术领域的竞争力和影响力。授权技术许可和技术输出等外部商业化方式，还可以帮助后发企业快速打开新产品市场，赢得市场竞争的领先机会，克服后发企业的市场能力劣势。从长期来看，新创技术知识的输出、创新成果的外部扩散等都有利于后发企业在新的行业技术领域构建优势地位，在新产品的市场开发中抢占先机，从而提升后发企业的技术赶超能力和市场赶超能力。

此外，一些学者认为结构洞割断了网络成员之间的联系，不利于创新活动的开展，因此，创新网络成员之间的联系是必要的。本书预期强联系在结构洞与后发企业赶超能力及结构洞与后发企业开放式创新之间的关系中扮演中介变量角色。实证研究结果表明，强联系在结构洞与输入型开放式创新（整合、获取）的关系之间及结构洞与后发企业技术赶超能力的关系之间不扮演中介变量角色，而在结构洞与输出型开放式创新（授权、免费释放）的关系之间及结构洞与后发企业市场赶超能力的关系之间扮演中介变量角色。这些研究结论将有助于后发企业有针对性地开展创新网络联系活动。

McFayden（2009）认为，网络中的结构洞与企业创新绩效之间的关系并不是简单的正相关或负相关关系，在控制网络结构洞的数量的同时，网络中的个体必须保持强联系才能够有利于企业的技术创新活动。David（2009）则一分为二地看待网络结构洞对企业技术创新活动的影响作用，他指出，在获取新创意阶段，企业需要占据较多的网络结构洞，而在实施新创意阶段，企业则需要与外界保持紧密的联系。本书研究发现，拥有创新网络结构洞的后发企业得益于自身的“信息优势”和“控制优势”，可以有目的地识别、引进和利用外部技术知识，不断地学习吸收新信息、新理念、新的生产与管理方式及新的技能，持续、系统地构建外部创新网络，这也正是输入型开放式创新（整合、获取）和技术吸收能力及技术创新能力的主要内容，因此，拥有创新网络结构洞的后发企业在开展输入型开放式创新（整合、获取）和提升技术能力时，可以凭借自身的结构洞优势实现对外部创新资源的获取和利用，此时，强联系的中介效应不显著。然而，在创新成果商业化的过程中，创新网络结构洞的存在增加了网络的稀疏性，减弱了后发企业与网络成员之间的联系，增加了创新成果向外扩散的难度，也增加了后发企业控制市场的难度，结构洞的“信息优势”和

“控制优势”在帮助后发企业顺利开拓创新扩散渠道及有力控制市场方面显得力不从心。此时，创新网络结构洞的存在不利于后发企业推广技术创新活动的成果和开拓产品市场，造成新技术难以推广、好产品“酒香也怕巷子深”的尴尬局面。因此，在创新成果商业化及市场赶超方面，后发企业需要整合强联系才能发挥结构洞对输出型开放式创新和市场赶超能力的促进作用。因此，在创新成果商业化和开拓市场领域的过程中，保持和创新网络其他成员的密切联系是后发企业的必然选择。这一研究结论与David（2009）的观点异曲同工。

第三，本书引入了财政税收政策这一调节变量，深入分析了政府扶持在后发企业通过开放式创新活动提升技术赶超能力和市场赶超能力的过程中的调节作用。研究发现，财政税收政策在开放式创新（整合、获取、授权、免费释放）与后发企业技术赶超能力、后发企业市场赶超能力的关系之间均发挥正向调节效应。

以往的相关研究已经证实，拥有外部创新网络和内部研发优势的后发企业，在实施赶超战略的过程中，往往还面临着诸多情境因素的影响。当前，制度情境是影响我国后发企业赶超战略的主要外部情境因素之一。本书预期制度情境的财政税收政策在后发企业开放式创新与其赶超能力的关系之间发挥正向调节作用。实证研究结果表明，本书的假设全部获得实证支持，即后发企业通过开放式创新提升技术能力和市场能力的过程中，政府的财政税收政策发挥正向的调节作用。

以往的相关研究结论基本也是呈现两种截然不同的观点。一些学者主张政府对后发企业的发展进行积极干预，学者们将政府对后发企业的积极干预与后发企业追赶超越之间形成的互惠制度框架称为“发展型国家”模式。这一模式中一种典型的政策类型便是政府为了扶持相关产业发展而对这些产业给予财政税收方面的优惠甚至直接补贴，政府的财政税收扶持或直接补贴政策在美国、德国、日本、韩国、中国台湾等国家和地区的后发产业和后发企业的赶超实践中都发挥了重要的促进作用（Amsden，1989）。然而，也有一部分学者不提倡政府对后发产业和企业进行扶持，他们认为政府的支持对后发企业的发展没有积极的推动作用，反而可能具有消极的制约作用，不利于后发企业的发展壮大和追赶超越。这一观点得到了来自一些韩国大企业及中国政府培育的“国家队”（中国政府扶持的中国的航空、石油、石化和电信产业）的数据的支持。由此可见，在财政税收政策对后发企业赶超的影响作用方面，学术界的观点尚未达成一致。本书的实证检验结果表明，财政税收政策对后发企业的赶超战略具有正向的影响作用。后发企业通过输入型开放式创新或者输出型开放式创新提升其技术吸收能力、技术创新能力、市场控制能力、市场获利能力的过程中，都会受益于来自政府的财政税收支持。

首先，财政税收政策在后发企业通过开放式创新活动提升技术能力的过程中发挥正向的调节作用。一方面，得益于政府的财政支持，后发企业在开展输入型开放式创新时拥有了更强的技术引进实力、更充足的技术学习机会，从而可以提升自身的技术吸收能力。另一方面，政府的财政支持帮助那些研发实力较强而资金有限的后发企业克服了“研发投入短板”，有利于提升后发企业的技术创新能力。众所周知，新技术和新产品的研发工作是一个“烧钱”的工程，需要大量的研发资金和人才的支撑，而这一切高额的研发成本对综合实力较弱的后发企业而言无疑是一个较大的挑战，此时，政府在财政转移支付方面及税收方面对后发企业的支持可谓雪中送炭，帮助后发企业克服了技术创新的投入困境，大大推动了后发企业的研发进程，从而提升了后发企业的技术创新能力。

其次，财政税收政策在后发企业通过开放式创新活动提升市场能力的过程中发挥正向的调节作用。一方面，获得财政扶持的后发企业大大提升了输入型开放式创新的水平，可以及时引进和吸收自身暂时无法开发的新技术、新工艺，紧跟产业技术的创新步伐，满足市场的需求特点和需求水平，从而提升自身的市场能力。另一方面，如上文所述，政府的财政支持使后发企业克服了研发工作的“资金短板”，大大提升了后发企业的技术创新能力和输出型开放式创新的水平，拥有新技术、新工艺的后发企业不仅可以通过自身实现创新成果的商业化，还可以通过向外授权或者免费释放的方式实现新技术、新工艺的商业化，从而为自己在产业技术更新换代的浪潮中赢得一席之地，也为后发企业的技术和产品打开了走向市场、赢得市场的“机会窗口”。

6.2 实践意义

本书具有重要的实践意义。本书的研究结论有助于后发企业构建并维护合理的开放式创新网络，有助于后发企业设计通过开放式创新实现赶超的战略路径，有助于后发企业深入理解赶超过程中的外部情境因素并制定相应的应对策略。

6.2.1 有助于后发企业构建和维护合理的开放式创新网络

随着技术创新的节奏不断加快、新创技术的不断涌现，企业越来越难以在内部拥有创新所需的全部资源。组织外部的创新网络在企业创新过程中扮演着越来越重要的角色，后发企业在创新网络内的结构洞和联系强度成为影响后发企业赶超战略的重要因素，因此，合理构建和管理开放式创新网络是后发企业提升赶超能力的过程中需要解决的课题之一。本书的研究成果对后发企业构建和管理开放式创新网络具有一定的借鉴价值。

首先，后发企业应努力构建并科学管理开放式创新网络的结构洞。本书的研究结果表明，创新网络结构洞与后发企业的技术赶超能力、市场赶超能力的提升正相关。结构洞是一种静态的社会资本，创新网络的结构洞可为后发企业带来“信息优势”和“控制优势”，方便后发企业从创新网络内获取创新信息资源并控制信息资源在创新网络内部的流动。因此，后发企业应合理构建创新网络内的结构洞：一方面，后发企业应努力拥有相当数量的结构洞。后发企业拥有的创新网络结构洞越多，越容易及时获得相关的技术创新信息，越可能获得更多的获利机会。另一方面，后发企业应积极发挥创新网络结构洞的“桥连接”作用。拥有结构洞的后发企业可以凭借自身的“中介”地位和信息优势，扮演创新网络中信息交换的“第三方”角色，利用“第三方”的这一身份灵活采取各种策略以获取相关收益。

其次，后发企业应努力保持与创新网络合作伙伴之间的强联系。本书的研究结果表明，后发企业保持与创新网络合作伙伴之间的强联系有助于提升后发企业的技术赶超能力和市场赶超能力。合作伙伴之间频繁的、亲密的、互惠的联系，不仅有利于促进技术信息尤其是复杂与缄默知识在组织之间的有效转移（McEvily & Marcus，2005），而且有利于形成网络成员之间的信任和互惠关系（Coleman，1988；Uzzi，1997），减少发生冲突的可能（Nelson，1989），有效地抑制合作伙伴的机会主义行为（Dyer & Singly，1998），从而构建治理合作伙伴关系的社会控制机制（Rowley et al.，2000）。因此，在拥有一定数量的结构洞的同时，后发企业还应积极保持与合作伙伴之间频繁的、亲密的、互惠的联系，促进创新网络成员之间的信任和互惠关系的形成，为良好的创新合作创造氛围，从而提升自身的技术赶超能力和市场赶超能力。

最后，后发企业应科学平衡创新网络结构洞与强联系之间的关系。本书的研究结果表明，结构洞通过强联系作用于输出型开放式创新（授权、免费释放）和后发企业的市场赶超能力（市场控制能力、市场获利能力）。网络结构洞是一种稀疏的网络联结结构，它降低了企业与合作伙伴之间的交往频率，因此不利于企业的技术创新活动（Ahuja，2000）。McFayden（2009）也提出，网络中的结构洞与企业创新绩效之间的关系并不是简单的正相关或负相关关系，在控制网络结构洞的数量的同时，网络中的个体必须保持强联系才能够有利于企业的技术创新活动。David（2009）则进一步指出了网络结构洞对企业技术创新活动的影响作用，即在获取新创意阶段，企业需要占据较多的网络结构洞，而在实施新创意阶段，企业则需要与外界保持紧密的联系。本书的子研究 2 证实了 David（2009）的观点。因此，后发企业在拥有一定数量的结构洞的同时，应保持与合作伙伴之间的强联系，并科学平衡两者之间的关系。在获取创新信息阶段，后发企业应充分发挥结构洞的“信息优势”和“控制优势”，而在创新成果商业化阶段，后发企业与合作伙伴之间的强联系则是必须的。同样，在提升技术赶超能力的过程中，结构洞的“信息优势”和“控制优势”可以助后发企业一臂之力，而在提升市场赶超能力的过程中，后发企业必须借助于强联系的中介作用才能最大程度发挥结构洞的优势，此时，强联系是必须的。

6.2.2 有助于后发企业设计通过开放式创新实现赶超的战略路径

在开放经济背景下，加强创新活动的内外向合作被视为后发企业新的创新战略选择。日本在超大规模集成电路产业的赶超经验和亚太地区半导体产业发展的案例都告诉我们，在开放经济背景下，后发企业应积极参加产业内外的开放式创新活动，努力从其他企业尤其是领先企业的战略路径或措施中寻找互补机会，及时抓住稍纵即逝的机会，以杠杆化的方式充分利用这些机会，加强组织学习，努力实现赶超能力的提升。因此，设计并实施合理的开放式创新战略是后发企业实现赶超的重要战略路径。本书的研究成果对后发企业设计并实施合理的开放式创新战略来提升赶超能力具有一定的借鉴价值。

首先，后发企业可以通过广泛参与开放式创新来提升技术赶超能力。本书的研究结论表明，后发企业的外部创新网络通过开放式创新活动作用于技术吸收能力和技术创新能力。也就是说，构建良好的外部创新网络只是提升技术能力的外在条件，只有加强技术合作才能从根本上提升后发企业的技术能力。这就要求后发企业在拥有创新网络结构洞并保持强联系的同时，加强与外部创新网络的创新合作。一方面，后发企业可以通过输入型开放式创新，即整合和免费获取的方式，从组织外部获取创新信息和创新资源，改善后发企业的创新资源匮乏的困境。通过高额获取成本购买的外部技术信息，要求后发企业必须提升自身的技术吸收能力和技术创新能力来消化、吸收并运用引进的技术资源，因此，广泛参与输入型开放式创新的过程也是后发企业努力提升自身技术吸收能力和技术创新能力的过程。另一方面，后发企业可以通过输出型开放式创新，即授权和免费释放的方式，将组织内部的非核心技术资源或者暂时无法实现商业化的技术成果向外转移，为新一轮的技术创新奠定基础。通过技术创新成果的外部商业化，后发企业可以获取可观的技术创新收益，这些可观的技术收益为后发企业进行新一轮的技术创新提供了宝贵的资金支持，从而有利于后发企业提升自身技术吸收能力和技术创新能力。因此，输出型开放式创新也是后发企业提升自身技术吸收能力和技术创新能力的重要路径之一。

其次，后发企业可以通过广泛参与开放式创新来提升市场赶超能力。本书的研究结论表明，后发企业的外部创新网络通过开放式创新活动作用于市场控制能力和市场获利能力。换句话说，拥有外部创新网络的后发企业在提升市场能力的过程中，需要借助开放式创新。一方面，后发企业的开放式创新尤其是输出型开放式创新战略有利于提升市场控制能力。输出型开放式创新，即授权和免费释放的方式，不仅可以使后发企业获得可观的技术收益，还可以帮助后发企业提升在行业和市场的影响力和控制力。因此，技术能力较强的后发企业可以将那些成熟的非核心技术或者自身暂时无法实现商业化的新技术适时向组织外部转移，影响产业技术的发展路径和市场的发展趋势，提升技术和市场的控制力和影响力。另一方面，后发企业的开放式创新战略有利于提升市场获利能力。输入型开放式创新，即整合和免费获取技术资源的方式，不仅可以使后发企业享有较低的技术引进成本和技术风险，而且可以激励后发企业提升市场获利能力来弥补为引进技术而付出的成本，因此，输入型开放式创新有助于后发企业提升市场获利能力。同时，输出型开放式创新，即授权和免费释放的方式，不仅可以使后发企业获得可观的技术收益，而且可以改善后发企业的形象和市场地位，增加市场对后发企业技术和产品的信心和购买倾向，从而实现市场获利能力的提升。

6.2.3 有助于后发企业深入理解和科学借力政府扶持的作用

后发企业的赶超能力不仅受外部创新网络和开放式创新战略的影响，而且受后发企业所处的外部情境的影响。当前，制度情境是影响我国后发企业赶超能力的主要外部情境因素之一。因此，深入理解和合理应对制度情境的各影响因素也是后发企业提升赶超能力的过程中需要解决的重要课题。政府扶持是制度情境的重要组成部分，本书以财政税收政策作为变量检验和分析了制度情境中政府扶持的作用。本书的研究成果对后发企业深入理解和合理借助政府的力量具有一定的借鉴价值。

后发企业应充分合理地运用相关的财政税收政策。本书的研究结果表明，后发企业通过开放式创新提升技术能力和市场能力的过程中，政府的财政税收支持发挥正向的调节作用。这就要求后发企业应灵活运用并尽力争取政府的财政税收支持，为赶超战略创造良好的宏观微观制度环境。一方面，在财政税收政策的执行层面，后发企业应努力发挥相关政策的积极作用。这就要求后发企业必须积极学习和灵活运用相关的税收政策和财政支持，如税务部门的税收政策、政府的财政转移支付等，突破后发企业在资金、税收等方面的困境和劣势，为顺利开展技术研发和市场开发提供良好的税收和财政支持，从而提升赶超能力。另一方面，在财政税收政策的制定层面，后发企业应致力于出台更多更好的相关政策。这就要求后发企业在熟练掌握、灵活运用相关的财政税收政策外，还应努力争取政府出台更多更好的相关政策，必要时，相关产业的后发企业可以建立政策建议联盟，在政策允许的范围内，努力游说政府出台更有利的政策和扶持措施。

6.3 局限性与未来研究方向

本书从结构洞、强联系的视角出发，分析了开放式创新网络对后发企业赶超能力的正向促进作用，并以开放式创新作为中介变量解释了开放式创新网络对后发企业赶超能力的内部作用机制，从财政税收政策的角度解释了政府扶持在后发企业通过开放式创新提升赶超能力的过程中发挥的重要作用，从而使我们能够更好地理解后发企业赶超能力的提升机制。但是，这一研究存在一些局限性。

首先，样本数据来源的地域局限可能会影响研究结果的普适性。尽管本书的研究花费了大量时间和精力，通过多种途径发放和回收问卷，尽量兼顾不同地区、不同产业、不同年龄及不同规模的后发企业，以保证问卷的有效性，但问卷仍然不可避免地显示了一定程度的地域局限性，样本数据主要来源于北京、河北、浙江、江苏、安徽、内蒙古等地的企业，难以覆盖我国所有区域后发企业的创新活动和赶超特征，可能在一定程度上对研究结果的普适性造成影响。因此，将本书的研究结论放在更广的区域范围内进行验证将是未来相关研究可以尝试的一个方向。

其次，本书部分变量的测量指标体系仍有待改善。本书的调查问卷是在借鉴已有相关研究量表的基础上，结合对企业的实地访谈并听取专家意见进行设计的，在处理数据前认真进行了变量的效度和信度检验，以尽可能地保证变量测量的有效性和可靠性。但由于 Likert 量表是受访者对问卷题项的主观评分，这一调研方法不可避免地会产生一定的测量偏差和缺陷。尽可能地运用客观的测量方法是今后相关研究一个值得深入探讨的方向。

最后，囿于有限的研究精力和时间，本书的样本来自多个行业，未对特定行业后发企业的赶超情况做进一步的细分研究。然而，由于各个行业的创新活动和赶超特点千差万别，行业内后发企业的创新网络、外部情境、创新活动、市场开发等方面的特点也各不相同，这些因素都可能对后发企业的创新网络、开放式创新活动及赶超能力的作用机制产生影响，如高技术行业与低技术行业的后发企业的技术创新特点、赶超能力的提升路径就存在差别。将来的相关研究可以针对特定行业的后发企业的赶超情况展开研究，深入分析具体的产业背景下后发企业的外部创新网络、技术创新活动与其赶超能力之间的关系。

参考文献

［1］陈爱贞，刘志彪，吴福象. 下游动态技术引进对装备制造业升级的市场约束——基于我国纺织缝制装备制造业的实证研究［J］. 管理世界，2008（2）：72-81.

［2］陈凡，刘玉劲. 关于我国大中型企业技术能力的测度与分析［J］. 自然辩证法通讯，1990（5）：30-39.

［3］陈劲，梁靓，吴航. 基于解吸能力的外向型技术转移研究框架——以网络嵌入性为视角［J］. 技术经济，2012（5）：8-11.

［4］陈爽英，井润田，邵云飞. 开放式创新条件下企业创新资源获取机制的拓展——基于 Teece 理论框架的改进［J］. 管理学报，2012（4）：542-547.

［5］陈钰芬，陈劲. 开放度对企业技术创新绩效的影响［J］. 科学学研究，2008（4）：419-426.

［6］陈钰芬，陈劲. 开放式创新促进创新绩效的机理研究［J］. 科研管理，2009（4）：1-9.

［7］崔海云，施建军. 开放式创新、政府扶持与农业龙头企业绩效关系［J］. 农业经济问题，2013（9）：84-91.

［8］崔海云，施建军. 协同创新、承诺与农业龙头企业绩效关系［J］. 现代管理科学，2013（11）：3-5.

［9］崔海云，施建军. 服务创新、顾客体验价值与休闲农业企业绩效关系研究［J］. 南京社会科学，2013（11）：33-38.

［10］董一哲. 企业创新网络［D］. 大连理工大学硕士学位论文，2000.

［11］傅家骥. 技术创新学［M］. 北京：清华大学出版社，1998：

314-340.

［12］冯雁秋. 我国境外投资理论的比较、综合与发展——五阶段周期理论［J］. 投资研究，2000（2）：47-50.

［13］盖文启，王缉慈. 论区域创新网络对我国高新技术中小企业发展的作用［J］. 中国软科学，1999（9）：102-106.

［14］江积海. 后发企业动态能力演化路径及其机制研究——韩国三星电子 DRAM 产业的案例研究［J］. 管理评论，2005（9）：38-42.

［15］江诗松，龚丽敏，魏江. 转型经济背景下后发企业的能力追赶：一个共演模型——以吉利集团为例［J］. 管理世界，2011（4）：122-137.

［16］李文博. 企业知识网络复杂系统的结构与演化：产业集群情境下的实证研究［D］. 浙江工商大学博士学位论文，2009.

［17］李支东，章仁俊. 企业创新网络促进技术创新：综述［J］. 江苏科技大学学报，2011（6）：80-91.

［18］林子敬. 技术转移模式、技术能力与转移绩效关系之研究［D］. 台湾长荣管理学院经营管理研究所，1989：46.

［19］刘炬. 企业技术创新网络形成机理研究［D］. 电子科技大学博士学位论文，2010.

［20］刘军. 整体网分析讲义：UCINET 软件实用指南［M］. 上海：格致出版社，2009.

［21］柳卸林. 技术创新经济学［M］. 北京：中国经济出版社，1993.

［22］路风，慕玲. 本土创新、能力发展和竞争优势［J］. 管理世界，2003（12）：57-82.

［23］马庆国. 管理统计［M］. 北京：科学出版社，2002.

［24］南亮进. 日本的经济发展［M］. 北京：经济管理出版社，1992.

［25］佩蕾丝，苏蒂. 技术上的追赶：进入壁垒和机会窗口［A］//G. 多西等. 技术进步与经济理论［M］. 北京：经济科学出版社，1994：571-588.

［26］沈必扬，池仁勇. 企业创新网络企业技术创新研究的一个新范式［J］. 科研管理，2005（3）：84-91.

［27］王大洲. 企业创新网络的进化与治理：一个文献综述［J］. 科研

管理，2001（5）：96-103.

［28］王缉慈. 创新的空间—企业集群与区域发展［M］. 北京：北京大学出版社，2001.

［29］王炯. 全球制造网络中网络嵌入性对企业绩效的影响研究［D］. 浙江大学硕士学位论文，2006.

［30］王鹏飞. 外向开放式创新对创新绩效的影响研究［D］. 浙江大学硕士学位论文，2010.

［31］王秀江，彭纪生. 企业技术能力：一个新的概念界定与测量模型［J］. 科学学与科学技术管理，2008（12）：146-150.

［32］魏江. 知识学习与企业技术能力增长［M］. 北京：科学出版社，2006.

［33］魏江. 企业集群中的技术学习分工和知识流动［J］. 科学学与科学技术管理，2002（9）：93-96.

［34］温忠麟，张雷，侯杰泰. 中介效应检验程序及其应用［J］. 心理学报，2004（5）：614-621.

［35］吴贵生，李纪珍，孙议政. 技术创新网络和技术外包［J］. 科研管理，2000（4）：33-43.

［36］吴晓波，韦影. 制药企业技术创新战略网络中的关系性嵌入［J］. 科学学研究，2005（4）：561-565.

［37］吴晓波，朱培忠，吴东等. 后发者如何实现快速追赶？——一个二次商业模式创新和技术创新的共演模型［J］. 科学学研究，2013（11）：1726-1735.

［38］吴晓丹，陈德智. 技术赶超研究进展［J］. 科技进步与对策，2008（11）：236-240.

［39］肖武岭. 跨国公司在我国的技术控制策略分析［J］. 宏观经济研究，2005（9）：51-54.

［40］徐大可，陈劲. 后来企业自主创新能力的内涵和影响因素分析［J］. 经济社会体制比较，2006（2）：17-22.

［41］许庆瑞. 研究、发展与技术创新管理［M］. 北京：高等教育出版社，2000.

［42］曾鸣，威廉姆斯. 龙行天下——中国制造未来十年新格局［M］. 北京：机械工业出版社，2008.

［43］张莹，陈国宏. 跨国公司在中国的技术转移问题及对策分析［J］. 科技进步与对策，2001（3）：131-133.

［44］赵晓庆，许庆瑞. 企业技术能力演化的轨迹［J］. 科研管理，2002（1）：70-76.

［45］郑刚，何郁冰，陈劲，陶婷婷，蒋键. "中国制造"如何通过开放式自主创新提升国际竞争力——中集集团自主创新模式的案例研究［J］. 科研管理，2008（4）：95-102.

［46］周浩军. 搜索优势与转移问题：弱联系、结构洞和网络多样性对创新的曲线效应［D］. 浙江大学博士学位论文，2011.

［47］朱瑞博，刘志阳，刘芸. 架构创新，生态位优化与后发企业的跨越式赶超——基于比亚迪、联发科、华为、振华重工创新实践的理论探索［J］. 管理世界，2011（7）：69-97.

［48］Abramovitz M. A. Catching Up，Forging Ahead，and Falling Behind［J］. Journal of Economic History，1986（46）：385-406.

［49］Ahuja G. Duality of Collaboration：Inducements and Opportunities in the Formation of Interfirm Linkages［J］. Strategic Management Journal，2000（21）：317-343.

［50］Ahuja G. KatilaR. Technological Acquisitions and the Innovation Performance of Acquiring Firms：A Longitudinal Study［J］. Strategic Management Journal，2001（22）：197-220.

［51］Ahuja G.，Katila R. Where Do Resources Come From? The Role of Idiosyncratic Situations［J］. Strategic Management Journal，2004（25）：887-907.

［52］Aitamurto T.，Lewis S. C. Open Innovation in Digital Journalism：Examining the Impact of Open APIs at Four News Organizations［J］. New Media & Society，2013（15）：314-331.

［53］Akbar Zaheer，Giuseppe Soda. Network Evolution：The Origins of Structural Holes［J］. Administrative Science Quarterly，2009（54）：131.

［54］Aken J. E.，Weggeman M. P. Managing Learning in Informal Innovation Networks: Overcoming the Daphne-dilemma [J]. R&D Management, 2009 (9): 139-149.

[55] Alexy O., Criscuolo P., Salter A. Does IP Strategy Has to Cripple Open Innovation [J]. MIT Sloan Management Review, 2009 (51): 71-77.

[56] Allen R. C. Collective Invention [J]. Journal of Economic Behavior and Organization, 1983 (4): 1-24.

[57] Amsden A. H. Asias' Next Giang: South Korea and Late Industrialization [M]. New York: Oxford University Press, 1989.

[58] Andersson U., Forsgren M., Holm U. The Strategic Impact of External Networks: Subsidiary Performance and Competence Development in the Multinational Corporation [J]. Strategic Management Journal, 2002 (23): 979-996.

[59] Arora A., Gambardella A. Evaluating Technological Information and Utilizing It: Scientific Knowledge, Technological Capability, and External Linkages in Biotechnology [J]. Journal of Economic Behavior & Organization, 1994 (24) 91-114.

[60] Arora A., Arunachalam V. S., Asundi J., Fernandes R. The Indian Software Service Industry [J]. Research Policy, 2001 (30): 1267-1287.

[61] Awate S., Larsen M. M., Mudambi. EMNE Catch-up Strategies in the Wind Turbine Industry: Is There a Trade-off between Output and Innovation Capabilities? [J]. Global Strategy Journal, 2012 (2): 205-223.

[62] Baldwin C., Hienerth C., Von Hippel E. How User Innovations Become Commercial Products: A Theoretical Investigation and Case Study [J]. Research Policy, 2006 (35): 1291-1313.

[63] Barber B. All Economies Are "Embedded": The Career of a Concept and Beyond [J]. Social Research, 1995 (62): 387-413.

[64] Baron R., Kenny D. The Moderator Mediator Variable Distinction in Social Psychological Research: Conceptual, Strategic, and Statistical Considerations [J]. Journal of Personality and Social Psychology, 1986 (51): 1173-1182.

[65] Barro R., Sala-I-Martin X. Technological Diffusion, Convergence, and Growth [J]. Journal of Economic Growth, 1997 (2): 1-26.

[66] Beamish P. W., Lupton N . C. Managing Joint Ventures [J]. The Academy of Management Perspectives, 2009 (23): 75-94.

[67] Bergek A., Tell F., Berggren C. et al. Technological Capabilities and Late Shakeouts: Industrial Dynamics in the Advanced Gas Turbine Industry: 1987-2002 [J]. Industrial and Corporate Change, 2008 (17): 335-392.

[68] Bonds N. Intellectual Capital: An Exploratory Study That Develops Measures and Models [J]. Management Decision, 1998 (36): 63-76.

[69] Borgatti S. P., Everett M. G., Freeman L. C. Ucinet for Windows: Software for Social Network Analysis [J]. Harvard, MA: Analytic Techno-logies, 2002.

[70] Brezis E. S., Krugman P., Tsiddon D. Leapfrogging in International Competition: A Theory of Cycles in National Technological Leadership [J]. A-merican Economic Review, 1993 (83): 1211-1219.

[71] Brezis E., Krugman P., Tsiddon D. Leapfrogging in International Competition: A Theory of Cycles in National Technological leadship [J]. American Economic Review, 1993 (12).

[72] Burt R. S. Structural Holes: The Social Structure of Competition [M]. Cambridge, MA. Harvard University Press, 1992.

[73] Burt R. S. Structural Holes and Good Ideas [J]. American Journal of Sociology, 2004 (110): 349-399.

[74] Burt R. S. The Contingent Value of Social Capital [J]. Administrative Science Quarterly, 1997 (42): 339-365.

[75] Burt R. S. Models of Network Structure [J]. Annual Review of Sociology, 1980 (6): 79-141.

[76] Burt R. S. The Con tingent Value of Social Capital [J]. Administrative Science Quarterly, 1997 (42): 339-365.

[77] Burt R. S. Structural Holes and Good Ideas [J]. American Journal of sociology, 2004 (11): 349-399.

[78] Burt R. S. The Social Structure of Competition [M]. Cambridge: Harvard University Press, 1992.

[79] Burt R. S. Structural Holes Versus Network Closure as Social Capital [J]. Theory and Research, 2001.

[80] Burt R. S. The Social Capital of Opinion Leaders [J]. The Analysis of the American Academy of Political and Social Science, 1999 (556): 37-54.

[81] Burt R. S. The Gender of Social Capital [J]. Rationality and Society, 1998 (556): 37-54.

[82] Burt R. S., Hogarth R. M., Michaud C. The Social Capital of French and American Managers [J]. Organization Science, 2000 (11): 123-147.

[83] Burt R. S. Social Contagion and Innovation: Cohesion versus Structural Equivalence [J]. American Journal of Sociology, 1987 (92): 1287-1335.

[84] Burt R. S. Structural Holes and Good Ideas [J]. American Journal of Sociology, 2004 (110) 349-399.

[85] Carlos, Fabrizio. Fighting for Power: The Strategy of Global MNC's subsidiaries [R]. Unpublished Papers, 2003.

[86] Cassiman B., Veugelers R. R&D Cooperation and Spillovers: Some Empirical Evidence from Belgium [J]. American Economic Review, 2002 (92): 1169-1184.

[87] Cassiman B., Veugelers R. In Search of Complementarity in Innovation Strategy: Internal R&D and External Knowledge Acquisition [J]. Management Science, 2006 (52): 68-82.

[88] Castellacci F. Technological Regimes and Sectoral Differences in Productivity Growth [J]. Industrial and Corporate Change, 2007 (16): 1105-1145.

[89] Chen Yongmin, Puttitanun Thitima. Intellectual Property Rights and Innovation in Developing Countries [J]. Journal of Development Economics, 2005 (78): 474-493.

[90] Chesbrough H. Open Innovation: The New Imperative for Creating and Profiting from Technology [M]. Boston: Harvard Business School Press, 2003.

[91] Chesbrough H. The Era of Open Innovation [J]. MIT Sloan Manage-

ment Review, 2003 (44): 35-41.

[92] Chesbrough H., Crowther A. K. Beyond High Technology: Early A-dopters of Open Innovation in Other Industries [J]. R&D Management, 2006 (36): 229-235.

[93] Chesbrough H. W., Crowther A. K. Beyond High Technology: Early Adopters of Open Innovation in Other Industries [J]. R&D Management, 2006 (36): 229-236.

[94] Chesbrough H. Managing Open Innovation [J]. Research Technology Management, 2004 (47) 23-26.

[95] Chesbrough H., Schwartz K. Innovating Business Models with Co-development Partnerships [J]. Research-Technology Management, 2007 (50): 55-59.

[96] Chesbrough H., Vanhaverbeke W., West J. Open Innovation: Researching a New Paradigm [M]. New York: Oxford University Press, 2006.

[97] Chesbrough H. Managing Open Innovation [J]. Research Technology Management, 2004 (47) 23-26.

[98] Chesbrough H. W. The Era of Open Innovation [J]. Sloan Management Review, 2003 (44) 35-41.

[99] Chesbrough H. W., Crowther A. K. Beyond Hige Tech: Early A-dopters of Open Innovation in Other Industries [J]. R&D Management, 2006 (36): 229-236.

[100] Christensen C. M., Suarez F. F., Utterback J. M. Strategies for Survival in Fast-Changing Industries [J]. Management Science, 1998 (44): 207-220.

[101] Christensen C. M. The Innovator's Dilemma: When New Technologies Cause Great Firms to Fail [M]. Boston, MA: Harvard Business School Press, 1997.

[102] Chu W. W. Can Taiwan's Second Movers Upgrade Via Branding? [J]. Research Policy, 2009 (38): 1054-1065.

[103] Churchill G. A. A Paradigm for Developing Better Measures of Mar-

keting Constructs [J]. Journal of Marketing Research, 1979 (16): 64-73.

[104] Coe D., Helpman E. International R&D Spillavers [J]. European Economic Review, 1995 (139) 859-871.

[105] Cohen W. M., Levinthal D. A. Absorptive Capacity: A New Perspective on Learning and Innovation [J]. Administrative Science Quarterly, 1994 (35): 128-152.

[106] Costa, Ionara, de Queiroz, Sergio Robles Reis. Foreign Direct Investment and Technological Capabilities in Brazilian [J]. Research Policy, 2002 (31): 1431-1443.

[107] Dacin T. M., Ventresca M. J., Beal B. D. The Embeddedness Dialogue and Direction of Organizations [J]. Journal of Management, 1999 (25): 317-356.

[108] Dahlander L., Gann D. M. How Open is Innovation? [J]. Research Policy, 2010 (39): 699-709.

[109] Das T. K., Teng B. S. A Resource-Based Theory of Strategic Alliance [J]. Journal of Management, 2000 (26): 31-61.

[110] David Stark, Bal zs V wires Opening Closure: Intercohsion and Entrepreneurial Dynamics in Business Groups [R]. Cologne: Max Planck Institute for the Stndy of Societies, Discussion Paper, 2009: 1-40.

[111] Davis J. L., Harrison S. S. Edison in the Boardroom: How Leading Companies Realize Value from Their Intellectual Assets [M]. New York: John Wiley & Sons, 2001.

[112] Day G. S., Wensley R. Assessing Advantage: A Framework for Diagnosing Competitive Suporiority [J]. Journal of Marketing, 1988 (52): 1-20.

[113] De Bresson C., Amesse F. Networks of Innovators: A Review and Introduction to the Issue [J]. Research Policy, 1991 (20): 363-379.

[114] Dong-Sung Cho, Dong-Jae Kim, Dong Kee Rhee. Latecomer Strategies: Evidence from the Semiconductor Industry in Japan and Korea [J]. Organization Science, 1998 (9): 489-505.

[115] Dyer J. H., Nobeoka K. Creating and Managing a High -

performance Knowledge-sharing Network: The Toyota Case [J]. Strategic Management Journal, 2000 (21): 214-311.

[116] Enkel E., Gassmann O., Chesbrough H. Open R&D and Open Innovation: Exploring the Phenomenon [J]. R&D Management, 2009 (39): 311-316.

[117] Ernst D. Catching-up Crisis and Industrial Upgrading: Evolutionary Aspects of Technological Learning in Korea's Electronics Industry [J]. Asia Pacific Journal of Management, 1998 (15): 247-283.

[118] Ernst D., Kim L. Global Production Networks, Knowledge Diffusion, and Local Capability Formation [J]. Research Policy, 2002 (31): 1417-1429.

[119] Etzkowitz H., Brisolla S. N. Failure and Success: The Fate of Industrial Policy in Latin America and South East Asia [J]. Research Policy, 1999 (28): 337-350.

[120] Everett M., Rogers Shiro Takegami, Jing Yin. Lessons Learned About Technology Transfer [J]. Technovation, 2001: 253-261.

[121] Fey C., Birkinshaw J. External Sources of Knowledge, Governance Mode and R&D Performance [J]. Journal oI Management, 2005 (31): 597-621.

[122] Figueiredo P. N. Does Technological Learning Pay Off? Inter-firm Differences in Technological Capability-accumulation Paths and Operational Performance Improvement [J]. Research Policy, 2002 (31): 73-94.

[123] Figueiredo P. N. Industrial Policy Changes and Firm-level Technological Capability Development: Evidence from Northern Brazil [J]. World Development, 2008 (36): 55-88.

[124] Fransman M., King K. Technological Capability in the Third World [M]. London: MacMillan, 1984.

[125] Freeman C. Innovation, Changes of Techno-Economic Paradigm and Biological Analogies in Economics [J]. Revue Economique, 1991 (42): 211-232.

[126] Freeman C. The Economics of Industrial Innovation [M]. Pinter,

London, 1982.

[127] Galunic D., Rodan S. Resource Recombinations in the Firm: Knowledge Structures and the Potential for Schumpeterian Innovation [J]. Strategic Management Journal, 1998 (19): 1193-1201.

[128] Gambardella A., Giuri P., Luzzi A. The Market for Patents Irr Europe [J]. Research Policy, 2007 (36): 1163-1183.

[129] Gargiulo M., Benassi M. Trapped in Your Own Net? Network Cohesion, Structural Holes, and the Adaptatioation of Social Capital [J]. Organizational Science Quarterly, 2000 (11): 183-196.

[130] Gargiulo M., Ertug G., Galunic C. The Two Faces of Control: Network Closure and Individual Performance among Knowledge Workers [J]. Administrative Science Quartcrly, 2009 (54): 299-333.

[131] Gassmann O. Opening up the Innovation Process: Towards an Agenda [J]. R&D Management, 2006 (36): 223-228.

[132] Gergana Todorova, Boris Burisin. Absorptive Capability: Valuing a Reconceptualization [J]. Academy of Management Review, 2007 (32): 774-786.

[133] Gerschenkron A. Economic Backwardness in Historical Perspective [M]. Cambridge: Harvard University Press, 1962.

[134] Geyskens I., Steenkamp J. B. E., Kumar N. Make, Buy, or Ally: A Transaction Cost Theory Meta-analysis [J]. Academy of Management Journal, 2006 (49): 519-543.

[135] Ghoshal S. K., Barlet R. Integrating R&D and Marketing: A Review and Analysis of the Literature [J]. The Journal of Product Innovation Management, 1989 (13): 191-215.

[136] Gilsing V., Nooteboom B., VanHaverbeke W., Duysters G., Oord A. Network Embeddedness and the Exploration of Novel Technologies: Technological Distance, Betweenness Centrality and Density [J]. Research Policy, 2008 (37): 1717-1731.

[137] Glass Saggi. Intellectual Property Right and Foreign Direct

Investment [J]. Journal of International Economics, 2002 (56): 387-410.

[138] Gnyawali D. R., Madhavan R. Cooperative Networks and Competitive Dynamics: A Structural Embeddedness Perspective [J]. Academy of Management Review, 2001 (26): 431-445.

[139] Golden, Peter N., Tellis Gerard J. Pioneer Advantage: Marketing Logic or Marketing Legend [J]. Journal of Marketing Research, 1993 (30): 158-171.

[140] Granovetter M. Problems of Explanation in Economic Sociology [A] // Nohria N., Eccles R. Networks and Organizations: Structure, Form and Action, Boston [M]. MA: Harvard Business School Press, 1992: 25-56.

[141] Granovetter M. Economic Action and Social Structure: The Problem of Embeddedness [J]. American Journal of Sociology, 1985 (91): 481-510.

[142] Granovetter M. S. The Strength of Weak Ties [J]. American Journal of Sociology, 1973 (78): 1360-1380.

[143] Granovetter M. Getting a Job: A Study of Contacts and Careers [M]. Cambridge, Mass: Harvard University Press, 1974.

[144] Granovetter M. The Strength of Weak Ties: A Network Theory Revisited [J]. Sociological Theory, 1983: 201.

[145] Granovetter, M. Economic Institutions as Social Constructions: A Framework for Analysis [J]. Acta Sociologica (Taylor & Francis Ltd), 1992 (35): 3-11.

[146] Grindley P. C., Teece D. J. Managing Intellectual Capital: Licensing and Cross-licensing, in Semiconductors and Electronics [J]. California Management Review, 1997 (39) 8-41.

[147] Groen A. J., Linton J. D. Is Open Innovation a Field of Study or a Communication Barrier to Theory Development? [J]. Technovation, 2010 (30): 554-561.

[148] Guennif S., Ramani S. V. Explaining Divergence in Catching-up in Pharma between India and Brazil Using the NSI Framework [J]. Research Policy, 2012 (41): 430-441.

[149] Gulati R., Nohria N., Zaheer A. Strategic Networks [J]. Strategic Management Journal, 2000 (21): 203-215.

[150] Hagedoorn J., Duysters G. Learning in Dynamic Inter - firm Networks The Efficacy of Multiple Contacts [J]. Organization Studies, 2002 (23): 525-548.

[151] Hagedoorn J. Understanding the Cross-level Embeddedness of Inter-firm Partnership Formation [J]. Academy of Management Review, 2006 (31): 670-680.

[152] Hakansson H., Snehota I. Developing Relationships in Business Networks [M]. London: Routledge, 1995.

[153] Hannah Van, Stijn K., Reinhilde V. Researcher Networks and Productivity [R]. 2011.

[154] Hansen M. T. The Search-transfer Problem: The Role of Weak Ties in Sharing Knowledge across Organization Subunits [J]. Administrative Science Quarterly, 1999 (44): 82-112.

[155] Hargadon A., Sutton R. I. Technology Brokering and Innovation in a Product Development Firm [J]. Administrative Science Quarterly, 1997 (42): 716-749.

[156] Harhoff D., Henkel J., von Hippel E. Profiting from Voluntary Information Spillovers: How Users Benefit by Freely Revealing Their Innovations [J]. Research Policy, 2003 (32): 1753-1769.

[157] Harris L., Coles A. M., Dickson K. Building Innovation Networks: Issues of Strategy and Expertise [J]. Technology Analysis & Strategic Management, 2000 (2): 229-241.

[158] Hastbacka M. A. Open Innovation: What's Mine is Mine…What If Yours Could Be Mine, Too? [J]. Technology Mangement Journal, 2004 (12): 1-4.

[159] Hastbacka M. A. Open Innovation: It's All about Technology Management [J]. Technology Management Journal, 2005 (1): 1-4.

[160] Henkel J. Selective Revealing in Open Innovation Processes: The

Case of Embedded Linux [J]. Research Policy, 2006 (35): 953-969.

[161] Hobday M. East Asian Latecomer Firms: Learning the Technology of Electronics [J]. World Development, 1995 (23): 1171-1193.

[162] Humphrey J., H. Schmitz. Governance and Upgrading in Global Value Chains [Z]. Paper for the Bellagio Value Chain Workshop, Institute of Development Studies University of Sussex Brighton BN19RE. UK, 2000.

[163] Inkpen A., Tsang E. Social Capital, Networks, and Knowledge Transfer [J]. Academy of Management Review, 2005 (30): 146-165.

[164] Insead A. V. S. Network Strategies and Perfoanance of Canadian Investment Banks [J]. Academy of Managament Journay, 2006 (49): 590-604.

[165] Isobe T., Makino S., Montgomery D. Technological Capabilities and Firm Performance: The Case of Small Manufacturing Firms in Japan [J]. Asia Pacific Journal of Management, 2008 (25): 413-428.

[166] Jason P., Davis. Agency and Knowledge Problems in Network Dynamics: Brokers and Bridges in Innovative Interorganizational Relationships [R]. Working Paper, 2010.

[167] Johnson C. A. MITI and the Japanese Miracle: The Growth of Industrial Policy, 1925-1975 [M]. Stanford UnivPr, 1982.

[168] Jones O., Conway S., Steward F. Social Interaction & Organizational Change: Aston Perspectives on Innovation Networks [M]. World Scientific Publishing Company, 1999.

[169] Kardes, Frank R., Kalyanaram, Gurumurthy. Order-of-entry Effects on Consumer Memory and Judgment [J]. Journal of Marketing Research, 1992 (29): 343-357.

[170] Katila R., Abuja G. Something Old, Something New: A Longitudinal Study of Search Behavior and New Product Introduction [J]. Academy of Management Journal, 2002 (45): 1183-1194.

[171] Keller W. Geographic Localization of International Technology Transfer [J]. American Economic Review, 2002 (82): 1293-1306.

[172] KimL. Lmiitation to Innovation: The Dynamics of Korea's Techno-

logical Learning [M]. Boston, Masschustetts: Harvard Business School Press, 1997: 124-154.

[173] Koka B. R., Prescott J. E. Designing Alliance Networks: The Influence of Network Position, Environmental Change, and Strategy on Firm Performance [J]. Strategic Management Journal, 2008 (29): 639-661.

[174] Koschatzky K. Innovation Networks of Industry and Business-related Services-relations between Innovation Intensity of Firms and Regional Inter-firm Cooperation [J]. European Planning Studies, 1999 (7): 737-758.

[175] Kraatz M., Zajac E. How Organizational Resources Affect Strategic Change and Performance in Turbulent Environments: Theory and Evidence [J]. Organization Science, 2001 (12): 632-657.

[176] Krugman P. The Myth of Asia's Miracle [J]. Foreign Affairs, 1994 (12): 52-78.

[177] Lall S. Building Industrial Competitiveness in Developing Countries [M]. Washington, DC: DECD Publications and Information Centre, 1990.

[178] Lall S. Technological Capabilities and Industrialization [J]. World Development, 1992 (20): 165-186.

[179] Laursen K., Salter A. Open for Innovation: The Role of Openness in Explaining Innovation Performance among UK Manufacturing Firms [J]. Strategic Management Journal, 2006 (27): 131-150.

[180] Laursen K., Salter A. My Precious Technology: The Role of Legal Appropriability Strategy in Shaping Innovative Performance [R]. Working Paper. Tanaka Business School, Imperial College London.

[181] Lawrence P., Lorsch J. Organizations and Environments (Revised Edition) [M]. Harvard University Press: Cambridge, MA, 1967.

[182] Lechner C., Frankenberger K., Floyd S. W. Task Contingencies in the Curvilinear Relationships Between Intergroup Networks and Initiative Performance [J]. Academy of Management Journal, 2010 (53): 865-889.

[183] Lee K., Lim C., Song W. Emerging Digital Technology as a Window of Opportunity and Technological Leapfrogging: Catch-up in Digital TV

by the Korean Firms [J]. International Journal of Technology Management, 2005 (29): 40-63.

[184] Lee K., Lim C. Technological Regimes, Catching-up and Leapfrogging: Findings from the Korean Industries [J]. Research Policy, 2001 (30): 459-483.

[185] Lichtenthaler U., Ernst, H. External Technology Commercialization in Large Firms: Results of a Quantitative Benchmarking Study [J]. R&D Management, 2007 (37): 383-397.

[186] Lichtenthaler U. Absorptive Capacity, Environmental Turbulence, and the Complementarities of Organizational Learning processes [J]. Academy of Management Journal, 2009 (52): 822-846.

[187] Lichtenthaler U., Ernst H. Developing Reputation to Overcome the Imperfections in the Markets for Knowledge [J]. Research policy, 2007 (360): 37-55.

[188] Lichtenthaler U. Relative Capacity: Retaining Knowledge Outside a Firm's Boundaries [J]. Journal of Engineering and Technology Management, 2008 (25): 200-212.

[189] Lichtenthaler U. Outbound Open Innovation and Its Effect on Firm Performance: Examining Environmental Influences [J]. R&D Management, 2009 (39): 317-330.

[190] Lichtenthaler U. Open Innovation: Past Research, Current Debates, and Future Directions [J]. The Academy of Management Perspectives, 2011 (25): 75-93.

[191] Lichtenthaler U., Ernst H. Opening Up the Innovation Process: The Role of Technology Aggressiveness [J]. R&D Management, 2009 (39): 38-54.

[192] Lichtenthaler U., Ernst H. Technology Licensing Strategies: The Interaction of Process and Content Characteristics [J]. Strategic Organization, 2009 (7): 183-221.

[193] Lichtenthaler U., Lichtenthaler, E. A Capability-Based Framework for Open Innovation: Complementing Absorptive Capacity [J]. Journal of Man-

agement Studies, 2009 (46): 1315–1338.

[194] Lilien G., Yoon E. The Timing of Competitive Market Entry: An Exploratory Study of New Industrial Products [J]. Management Science, 1990 (36): 568–585.

[195] Li J. T., Kozhikode R. K. Developing New Innovation Models: Shifts in the Innovation Landscapes in Emerging Economies and Implications for Global R&D Management [J]. Journal of International Management, 2009 (15): 328–339.

[196] Liu X. L. China's Catch–up and Innovation Model in IT Industry [J]. International. Journal of Technology Management, 2010 (51): 194–216.

[197] Malerba F., Orsenigo L. Technological Regimes and Firm Bebavior [J]. Industrial and Corporate Change, 1993 (2): 45–71.

[198] Mathews J. A., Cho D. S. Combinative Capabilities and Organizational Learning in Latecomer Firms: The Case of the Korean Semiconductor Industry [J]. Journal of World Business, 1999 (34): 139–156.

[199] Mathews J. A. Competitive Advantages of the Latecomer Firm: A Resource–based Account of Industrial Catch–up Strategies [J]. Asia Pacific Journal of Management, 2002 (19): 467–488.

[200] Mathews J. Dragon Multinationals: New Players in 21st Century Globalization [J]. Asia Pacific Journal of Management, 2006 (23): 5–27.

[201] Mazzoleni R., Nelson R. R. Public Research Institutions and Economic Catch–up [J]. Research Policy, 2007 (36): 1512–1528.

[202] McEvily B., Zaheer A. Bridging Ties: A Source of Firm Heterogeneity in Competitive Capabilities [J]. Strategic Management Journal, 1999 (20): 1133–1156.

[203] McEvily B., Marcus A. Embedded Ties and the Acquisition of Competitive Capabilities [J]. Strategic Management Journal, 2005 (26) 1033–1055.

[204] McFadyen M. A., M. Semadeni, A. Cannella Jr. Value of Strong Ties to Disconnected Others: Examining Knowledge Creation in Biomedicine [J]. Organization Science, 2009 (20): 552–564.

[205] Miller A., Gartner W. B., Wilson R. Entry Order, Market Share, and Competitive Advantage: A Study of Their Relationships in New Corporate Ventures [J]. Journal of Business Venturing, 1989 (4): 197-209.

[206] Mitchell W., K. Singh. Incumbents Use of Pre-entry Alliances Before Expansion Into New Technical Subfields of an Industry [J]. Journal of Economic Behavior & Organization, 1992 (18): 347-372.

[207] Mu Q., Lee K. Knowledge Diffusion, Market Segmentation and Technological Catch-up: The Case of the Telecommunication Industry in China [J]. Research Policy, 2005 (34): 759-783.

[208] Nahapiet J., Ghoshal S. Social Capital, Intellectual Capital, and the Organizational Advantage [J]. Academy of Management Review, 1998 (23): 242-266.

[209] Nelson R. E. The Strength of Strong Ties: Social Networks and Intergroup Conflict in Organizations [J]. Academy of Management Journal, 1989 (32): 377-401.

[210] Nolan P. China and the Global Business Revolution [J]. Cambridge Journal of Economics, 2002 (26): 119-137.

[211] Nolan P., Zhang J. The Challenge of Globalization for Large Chinese firms [J]. World Development, 2002 (30): 2089-2107.

[212] Nonaka I. The Knowledge-creating Company [M]. New York: Oxford University Press, 1995.

[213] Nuvolari A. Collective Invention during the British Industrial Revolution: The Cause of the Cornish Pumping engine [J]. Cambridge Journal of Economics, 2004 (28): 347-363.

[214] Obstfeld D. Knowledge Creation, Social Networks and Innovation: An Integrative Study [C]. Academy of Management Proceedings, TIM, 2002.

[215] Pacheco D. F. et al. The Coevolution of Institutional Entrepreneurship: A Tale of Two Theories [J]. Journal of Management, 2010 (36): 974-1010.

[216] Perez C., Soete L. Catching Up in Technology: Entry Barriers and Windows of Opportunity, In Technological Change and Economic Theory [M].

New York: Frances Pinter, 1988: 458-479.

[217] Peteraf M. A. The Cornerstone's of Competitive Advantage: A Resource-based View [J]. Strategic Management Journal, 1993 (14): 179-191.

[218] Piller E. et al. Toolldts for Open Innovation: The Case of Mobile Phone Games [Z]. Proceedings of the 37th Hawaii International Conference on System Sciences, 2004.

[219] Pisano G. Learning-before-doing in the Development of New Process Technology [J]. Research Policy, 1996 (25): 1097-1119.

[220] Podolny, Baron. Resources and Relationships: Social Networks and Mobility in the Workplace [J]. American Sociological Review, 1997 (62): 673-693.

[221] Polanyi K. The Great Transformation: The Political and Economic Origins of Our Time [M]. Boston, MA: Beacon Press, 1944.

[222] Powell W., Koput K., Smith-Doerr L. Interorganizational Collaboration and the Locus of Innovation: Networks of Learning in Biotechnology [J]. Administrative Science Quarterly, 1996 (41): 116-145.

[223] Prahalad C. K., Hamel G. The Core Competence of the Corporation [J]. Harvard Business Review, 1990 (68): 79-91.

[224] Putnan R. D. The Prosperous Carununity Social Capital and Public life [J]. The American Prospect, 1993 (13): 35-47.

[225] Reagans R., McEvily B. Network Structure and Knowledge Transfer-The Effects of Cohesion and Range [J]. Administrative Science Quarterly, 2003 (48): 240-267.

[226] Reagans R., McEvily B. How to Make the Team: Social Networks vs. Demography as Criteria for Designing Effective Teams [J]. Administrative Science Quarterly, 2004 (49): 101-133.

[227] Reagans R., Zuckerman E. W. Networks, Diversity, and Productivity: The Social Capital of Corporate R&D Teams [J]. Organization Science, 2001 (12): 502-517.

[228] Rigby D., Zook C. Open-Market Innovation [J]. Harvard

Business Review, 2002 (10): 80-89.

[229] Ritchie B. Economic Upgrading in a State-coordinated, Liberal Market Economy [J]. Asia Pacific Journal of Management, 2009 (26): 435-457.

[230] Rowley T., Behrens D., Krackhardt D. Redundant Governance Structures: An Analysis of Structural and Relational Embeddedness in the Steel and Semiconductor Industries [J]. Strategic Management Journal, 2000 (21): 369-386.

[231] Schnaars S. P. Managing Imitation Strategies [M]. New York: Free Press, 2002.

[232] Schroll A., Mild A. Open Innovation Modes and the Role of Internal R&D an Empirical Study on Open Innovation Adoption in Europe [J]. European Journal of Innovation Management, 2011 (1404): 475-495.

[233] Schwartz K., Huff B. The Story of Eli Lilly's Open Innovation Journey—How One Company Developed a Mature Model [J]. PDMA Visions, PP19-22, 2010.

[234] Shipilov A. V. Network Strategies and Performance of Canadian Investment Banks [J]. Acadamy of Management Journal, 2006 (49): 590-604.

[235] Shipilov A. V., Li S. Can You Have Your Cake and Eat It Too? Structural Holes' Influence on Status Accumulation and Market Performance in Collaborative Networks [J]. Administrative Science Quarterly, 2008 (53): 73-108.

[236] Spithoven A., Clarysse B., Knockaert M. Building Absorptive Capacity to Organize Inbound Open Innovation in Traditional Industries [J]. Technovation, 2010 (30): 130-141.

[237] Stam W. When Does Community Participation Enhance the Performance of Open Software Companies? [J]. Research Policy, 2009 (38): 1288-1299.

[238] Stuart T. E. Interorganizational Alliances and the Performance of Firms: A Study of Growth and Innovation Rates in a High-technology Industry [J]. Strategic Management Journal, 2000 (21): 791-811.

[239] Suarez F. F. Network Effects Revisited: The Role of Strong Ties in

Technology Selection [J]. Academy of Management Journal, 2005 (48): 710-720.

[240] Teece D. Capturing Value From Knowledge Assets: The New Economy, Markets for Know-how, and Intangible Assets [J]. California Management Review, 1998 (40): 55-79.

[241] Teece D. J. Book Reviews: International Technology Transfer: Concepts, Measures, and Comparisons [J]. Journal of Economic Literature, 1987 (25): 160-161.

[242] Teece D. J., Pisano G., Shuen A. Dynamic Capabilities and Strategic Management [J]. Strategic Management Journal, 1997 (18): 509-533.

[243] Teece D. J. Strategies for Managing Knowledge Assets: The Role of Firm Structure and Industrial Context [J]. Long Range Planning, 2000 (33): 35-54.

[244] Teece D. J. Explicating Dynamic Capabilities: The Nature and Microfoundations of (Sustainable) Enterprise Performance [J]. Strategic Management Journal, 2007 (28): 1319-1350.

[245] Teece D., Pisano G. The Dynamic Capabilities of Firms, An Introduction [J]. Industrial and Corporate Change, 1994 (3): 537-556.

[246] Tsai W. Knowledge Transfer in Intraorganizational Networks: Effects of Network Position and Absorptive Capacity on Business Unit Innovation and Performance [J]. Academy of Management Journal, 2001 (44): 996-1004.

[247] Tushman, Michael, Philip Anderson, Charles O' Reilly. Technology Cycles, Innovation Streams and Ambidextrous Organizations, in Tushman and Anderson (eds.), Managing Strategic Innovation and Change [M]. Oxford University Press, 1997.

[248] Tyler B., B. H. Kevin, Steensma. Evaluating Technological Collaborative Opportunities: A Cognitive Modeling Perspective [J]. Strategic Management Journal, 1995 (16): 43-70.

[249] Uzzi B. Social Structure and Competition in Interfirm Networks: The Paradox of Embeddedness [J]. Administrative Science Quarterly, 1997 (42):

35-67.

[250] Van De Vrande V., Lemmens C., Vanhaverbeke W. Choosing Governance Modes for External Technology Sourcing [J]. R&D Management, 2006 (36): 347-363.

[251] Vanhaverbeke W., Van de Vrande V., Chesbrough H. Understanding the Advantages of Open Innovation Practices in Corporate Venturing in Terms of Real Options [J]. Creativity and Innovation Management, 2008 (17): 251-258.

[252] Verspagen B. A New Empirical Approach to Catching Up or Falling Behind [J]. Structural Change and Economic Dynamics, 1991 (2): 359-380.

[253] Vineet Kumar, Ramayya K., David Krackhardt. Dynamics of Network Structure and Content in Social Media [R]. Enterprise Information Infrastructure (EII) Research Network Seminar at the University of Sydney, 2011.

[254] Von Hippel E. Horizontal Innovation Networks—By and for Users [J]. Industrial and Corporate Change, 2007 (36): 857-875.

[255] Von Hippel E. Cooperation between Rivals: Informal Know-how Trading [J]. Research Policy, 1987 (16): 291-302.

[256] Von Hippel E. Democratizing Innovation [M]. Boston: MIT Press, 2005.

[257] Von Hippel E. Lead Users: A Source of Novel Product Concepts [J]. Management Science, 19863 (32): 791-805.

[258] Von Hippel E. The Sources of Innovation [M]. New York: Oxford University Press, 1988.

[259] Von Hippel E. Sticky Information and the Locus of Problem Solving: Implications for Innovation [J]. Management Science, 1994 (40): 429-439.

[260] Von Hippel E., von Krogh G. Open Source Software and the Private-collective Innovation Model: Issues for Organization Science [J]. Organization Science, 2003 (14): 209-223.

[261] West J., Bouers M. Leveraging External Sources of Iinnovation: A Review of Research on Open innovation [J]. Journal of Product Innovation

Management, 2013 (31): 1-18.

[262] West J., Gallagher S. Challenges of Open Innovation: The Paradox of Firm Investment in Open-source Software [J]. R&D Management, 2006 (36): 319-331.

[263] Westphal L., Kim L., Dahlinan C. Reflections on the Republic of Korea's Acquisition of Technological Capability [A] //Rosenberg N., Frischtak C. (Eds). International Technology Transfer: Concepts, Measures, and Comparisons [M]. New York: Praeger, 1985: 167-221.

[264] Whittington K. Owen-Smith J., Powell W. W. Networks, Propinquity, and Innovation in Knowledge-intensive Industries [J]. Administrative Science Quarterly, 2009 (3).

[265] Wong P. K. National Innovation Systems for Rapid Technological Catch Up: An Analytical Frame Work and a Comparative Analysis of Korea, Taiwan and Singapore [R]. Rebild: DRUID Summer Conference, 1999.

[266] Woo J. Race to the Swift: State and Finance in Korean Industrialization [J]. Columbia UnivPr, 1991 (54): 90-122.

[267] Xiao Z., Tsui A. S. When Brokers May not Work: The Cultural Contingency of Social Capital in Chinese High-tech Firm [J]. Administrative Science Quarterly, 2007 (52): 1-31.

[268] Xie W., Wu G. S. Differences between Learning Processes in Small Tigers and Large Dragons—Learning Processes of Two Color TV (CTV) Firms Within China [J]. Research Policy, 2003 (32): 1463-1479.

[269] Zaheer A., Soda G. Network Evolution: The Origins of Structural Holes [J]. Administrative Science Quarterly, 2009 (54): 1-31.

[270] Zukin S., DiMaggio P. Introduction Structures of Capital, The Social Organization of the Economy [M]. Cambridge: Cambridge University Press, 1990.

附　录

“开放式创新网络与赶超能力关系研究”调研问卷

尊敬的女士/先生：

您好！本项问卷是由对外经济贸易大学国际商学院进行的一项学术研究，旨在探索我国的企业在国际化进程中，外部创新网络对企业赶超能力的影响。本项问卷仅供学术研究之用，内容不涉及企业的商业机密，所获信息用于建模统计研究，请您放心并客观地填写。您的认真填写对于我们的研究非常重要，感谢您的支持！

对外经济贸易大学国际商学院

第一部分　个人信息与公司概况

1. 您的姓名：__________（自愿填写）
2. 您的职务：__________
3. 贵公司名称：______________________________（自愿填写）
4. 贵公司成立年份：________
5. 贵公司员工数量：__________人
6. 贵公司销售收入：2016 年_______2017 年_______（单位：万元）
7. 贵公司最近两年研发经费占销售收入的百分比约为：________%
8. 贵公司所有制性质：□国有　□集体　□民营　□三资（内资控股）　□其他
9. 贵公司主营业务所处行业：□纺织服装　□医药制造　□通信电子
□机械制造　□汽车制造　□食品企业
□其他行业____________（请填写）

第二部分 开放式创新网络与赶超能力

请根据您的实际评价回答下列问题，在选定的选项上打“√”（1~7表示您认可的程度，7表示您完全认可，1表示完全不认可）。

[1] 与赶超对象相比，贵公司能有效地将外部知识消化为内部知识
1 2 3 4 5 6 7

[2] 与赶超对象相比，贵公司能够及时将转化后的技术知识整合利用
1 2 3 4 5 6 7

[3] 与赶超对象相比，贵公司独立研发新产品的能力有很大提升
1 2 3 4 5 6 7

[4] 与赶超对象相比，贵公司新产品开发的成功率更高
1 2 3 4 5 6 7

[5] 与赶超对象相比，贵公司具有难以模仿的差异化的主打产品
1 2 3 4 5 6 7

[6] 与赶超对象相比，贵公司拥有稳定的覆盖广泛的营销渠道网络
1 2 3 4 5 6 7

[7] 与赶超对象相比，贵公司的市场占有率提高了
1 2 3 4 5 6 7

[8] 与赶超对象相比，贵公司的销售收入提高很快
1 2 3 4 5 6 7

[9] 与赶超对象相比，贵公司的销售利润率提高很快
1 2 3 4 5 6 7

[10] 与赶超对象相比，创新网络内的技术交流必须经过贵公司
1 2 3 4 5 6 7

[11] 与赶超对象相比，贵公司在创新网络内拥有一定的地位和影响力
1 2 3 4 5 6 7

[12] 与赶超对象相比，贵公司与创新网络合作伙伴联系很频繁
1 2 3 4 5 6 7

[13] 与赶超对象相比，贵公司与创新网络合作伙伴的关系很亲密

1 2 3 4 5 6 7

[14] 贵公司经常从外部市场购买市场信息

1 2 3 4 5 6 7

[15] 贵公司经常从外部市场接受技术授权

1 2 3 4 5 6 7

[16] 贵公司能够从外部及时免费地获取市场信息

1 2 3 4 5 6 7

[17] 贵公司能够从外部及时免费地获取改进技术水平的信息

1 2 3 4 5 6 7

[18] 贵公司经常出售专利或者进行专利授权

1 2 3 4 5 6 7

[19] 贵公司只出售或对外授权那些非核心技术

1 2 3 4 5 6 7

[20] 贵公司经常主动到其他企业进行创新项目的介绍和报告

1 2 3 4 5 6 7

[21] 贵公司愿意为其他企业或组织的创新工作提供建议和帮助

1 2 3 4 5 6 7

[22] 贵公司能够获得很大的税收优惠

1 2 3 4 5 6 7

[23] 贵公司能够获得很大力度的财政补贴

1 2 3 4 5 6 7

问卷已结束，感谢您的支持！

后 记

时光飞逝，岁月如梭。三年的课题研究生涯弹指一挥间。值此书稿付梓之际，我满怀一颗感恩的心，向所有关心、帮助和支持过我的人致以最诚挚的谢意。

首先，我要特别感谢我的恩师施建军教授。跟随施老师学习的这些年，我收获颇多、成长迅速。施老师严谨治学的学术精神、平易近人的处世态度、海纳百川的宽广胸襟、幽默风趣的个人魅力、一丝不苟的敬业精神，都深深地影响和感染了我，这些宝贵的精神财富使我受益匪浅，为我今后的学术道路和人生道路照亮了前进的方向。在本书的写作过程中，从构思选题到研究框架，从问卷设计到实证方法，从写作技巧到术语表达，大到论文研究主题，小到某个标点符号，事无巨细，施老师无不悉心指导，令学生感到无比惭愧、无比感动！同时，还要感谢师母张老师，张老师在繁忙的工作之余还给予了我慈母般的关心和爱护，令我在紧张忙碌的研究工作中倍感温馨。

衷心感谢王永贵教授多年来的不倦教诲。从研究方法到学术精神乃至人生态度，王老师都为我提供了许多宝贵的建议和意见。王老师一丝不苟的治学精神、积极乐观的人生态度是我一生的榜样。同时，非常感谢北京大学陆正飞教授、中国人民大学刘凤军教授、中央财经大学王生辉教授和对外经济贸易大学牛雄鹰教授、王玉荣教授、周晓艳教授、陈胜军教授对本书提出的宝贵意见和建议。

感谢北京市教委人文社科计划重点项目（SZ201710037019）、北京市优秀人才培养资助青年骨干项目（2016000020124G062）、北京物资学院高级别科研项目培育基金（GJB20164002）、北京物资学院科技协同攻关团队建设项目（2017GG10）对本书的大力支持！

感谢北京市大兴区黄村镇的许镇长及黄村工业园区的王总、傅总、张总、王主任等在我挂职锻炼和调研期间给予我的关心和帮助。

感谢“施家军”所有可亲可爱的同门们：孟源、邓宏、张超、王丽、夏传信、张庆垒、吴颖宣……我的书稿写作过程因你们的指点迷津而更顺利。感谢对外经济贸易大学国际商学院的博士们：高菲、张鹏、刘文霞、刘琳、张岚、马聪聪、吴珍倩、马双、周蕾……我的研究岁月因你们的鼓励和帮助而更加难忘，并肩作战的同窗情谊将是我一生的美好记忆。

感谢我的各位同学及亲戚朋友在问卷发放过程中给予的大力支持，你们的鼎力相助是我顺利完成本书的重要前提。

最后，我要特别感谢我的家人！感谢我最亲爱的爸爸妈妈和公公婆婆，你们的无私奉献和鼎力支持为我提供了不断向前的动力！感谢我的知己、挚友和知心爱人朱先生，从设计问卷到整理数据，从陪伴女儿学琴到辅导女儿学习，从孝敬双方父母到照料我们自己的生活，你一个人承担了“丈夫”“父亲”“老师”“助手”等各种角色，你的全力支持是我顺利完成研究工作的最重要条件！感谢我最亲爱的女儿朱大宝小朋友，感谢你在感叹“研究比大宝都重要”之余给予妈妈的理解与支持，感谢你在妈妈为研究发愁之时给予的安慰和鼓励，感谢你的“等我长大，我帮你翻译外文文献”的“豪言壮语”！

诸多感谢，尽在不言中！

谨以此书献给你们！祝愿各位师长、亲人、朋友、同学工作顺利，生活幸福，平平安安，健康快乐！

崔海云

2019 年 5 月于北京